Jonas Bruchhagen

Große und kleine Männer on Tour

365 Bucket List
Ideen für Vater
und Sohn

Inhalt

Einleitung

Die Beziehung zwischen Vater und Sohn ist nicht immer die harmonischste und einfachste. Das hat verschiedene Ursachen. Gleichzeitig ist das Verhältnis von Sohn und Vater prägend für die Harmonie in der Familie und ebenso prägend für die Entwicklung des Sohnes. Um so wichtiger ist eine stabile Vaterfigur. Gemeinsame Erlebnisse sind der Schlüssel für eine starke Vater-Sohn-Beziehung. Warum das so ist und wie Sie eine solche Beziehung erreichen können, ist der Inhalt dieses Buches.

Warum ist es wertvoll, als Vater Erlebnisse mit seinem Sohn zu haben?

Die Beziehung zwischen Vater und Sohn ist von ganz besonderer Art, wie die Beziehungen innerhalb einer Familie generell sehr besonders sind. Für den Sohn ist die Beziehung zum Vater aus anthropologischer Sicht sehr prägend. Die Vaterfigur ist für den Sohn elementar, besonders in den Anfangsjahren, die häufig durch eine weibliche Dominanz in Kinderkrippe, Kindergarten und Schule geprägt sind.

Moderne Vater- und Sohn-Beziehungen sind durch ein partnerschaftliches-demokratisches Verhältnis geprägt. Nur noch vereinzelt trifft man ein strenges und dominantes Über-Unterordnungs-Beziehungsgeflecht. Eine partnerschaftliche Beziehung ist auch die Grundlage für die nachfolgenden 365 Erlebnisse. Schließlich sollen sie beiden – Vater und Sohn gleichermaßen – Spaß bringen.

Oftmals ist es sowohl dem Vater als auch dem Sohn eigen, Gefühle und Emotionen zu verschweigen oder zu negieren. Schuld daran ist das althergebrachte Bild des Mannes, der diesen stets unnahbar und stark darstellt. Um diesem

1

Verschweigen zu begegnen, eignen sich gemeinsame Erlebnisse perfekt. Außerhalb der gewohnten Umgebung und nicht abgelenkt durch Spielzeug, Fernseher und andere Faktoren, steht die gemeinsame Unterhaltung im Vordergrund. Eine perfekte Möglichkeit, sich gegenseitig besser kennenzulernen.

Gemeinsame Abenteuer und Erlebnisse stärken die Vater-Sohn-Beziehung enorm. Über besondere Erlebnisse erzählen Vater und Sohn ein Leben lang. Zusätzlich bilden die gemeinsamen Unternehmungen eine gute Gelegenheit, damit der Vater seine Vorbildfunktion in spielerischer Weise ausüben kann. Bei diesen Abenteuern und Unternehmungen kann der Vater spielerisch anleiten, ohne dass es künstlich und aufgesetzt wirkt. Zusätzlich ist der Lerneffekt viel größer.

Was ist eine Bucket List und warum kann es sinnvoll sein, eine solche zu führen?

Wortwörtlich übersetzt sprechen wir bei einer Bucket List von einer "Löffel-Liste". Das macht auf den ersten Blick wenig Sinn. Der Ausdruck stammt von dem englischen Sprichwort "kick the Bucket", also sinngemäß "den Löffel abgeben". Diese Redewendung kennen wir im Deutschen auch. Wenn jemand den Löffel abgibt, ist damit gemeint, dass er aus dem Leben scheidet. Die Bucket List enthält typischerweise Ziele, Aufgaben und in diesem Fall Erlebnisse, die vor einer bestimmten Frist erfüllt, abgearbeitet oder erledigt werden sollen. Bei der Vater-Sohn-Bucket List ist mit Frist auf den Umstand angespielt, dass Vater und Sohn irgendwann zu alt für solche Erlebnisse werden.

Die Vater-Sohn-Bucket List ist in erster Linie eine Motivation, ein Ansporn sowohl für Vater als auch den Sohn, so viele Dinge wie möglich gemeinsam zu unternehmen, bevor der Sohn in ein Alter kommt, in dem andere Dinge und Beziehungen plötzlich mehr an Bedeutung gewinnen. Zum Beispiel die Schule, die dann mit anderen Anforderungen aufwartet, aber auch die immer wichtiger werdende Selbstständigkeit und die wachsenden Beziehungen zu Freundinnen und Freunden.

365 Erlebnisse in acht Kategorien

Statt nur zehn oder zwölf Erlebnisse aufzuführen, wie sie andere Bucket Lists enthalten, bieten wir mit 365 rechnerisch ein Erlebnis pro Tag für ein ganzes Jahr an. Berechnet man jedoch die Zielgruppe, also Väter mit Söhnen im Alter von zehn, elf und zwölf Jahren, dann relativiert sich der Quotient auf ein Erlebnis für alle drei Tage. Da nicht alle Erlebnisse zeitaufwendig sind und einige von diesen auch miteinander kombiniert werden können, ist dies ein realistischer Wert, der in der Praxis leicht umzusetzen ist.

Natürlich sollst Dein Sohn und Du die Erlebnisse nicht wortwörtlich "abspulen". Die hier aufgeführten Abenteuer dienen vielmehr als Inspiration und Anleitung. Bringt eigene Ideen ein und wandelt die Inhalte der Erlebnisse entsprechend euren Bedürfnissen, Wünschen und Gegebenheiten ab. Wichtig ist dabei immer, was euch beiden gefällt. Keiner von euch sollte sich zu etwas gezwungen fühlen. Sprecht euch diesbezüglich immer offen und gut ab.

Die 365 Erlebnisse sind in insgesamt Neun Kategorien eingeteilt. Sie lauten:

Günstig   Sportlich   Bildung

Kreativ   Reisen   Kurz

Natur   Gute Tat   Spielen

Was ist darunter zu verstehen? Die Kategorien sollen deinem Sohn und dir auf der einen Seite die Suche nach spezifischen Erlebnissen erleichtern. Zum anderen kannst Du mit Deinem Sohn die nächsten Erlebnisse auf diese Weise so wählen, dass ihr die Kategorien abwechselt.

Einige Erlebnisse können auch mehreren Begriffen zugeordnet werden. Während sich die Kategorien Sportlich, Kreativ, Reisen, Spielen und Natur von selbst erklären, wollen wir zu den anderen Kategorien nachstehend etwas mehr zu ihrer Bedeutung erläutern.

Unter die Kategorie "Günstig" fallen die Erlebnisse, die weniger als 20 Euro Gesamtkosten verursachen. Sie sind von besonderer Bedeutung, da die Durchführung von Vater-Sohn-Erlebnissen keinesfalls eine Angelegenheit des Geldbeutels oder der finanziellen Leistungsfähigkeit sein dürfen. Zugleich haben wir auch Erlebnisse aufgeführt, bei denen der eine oder andere Euro verdient werden kann. Dieses verdiente Geld könnt ihr vielleicht für die Erlebnisse einsetzen, für die Eintritt verlangt wird oder bei denen Kosten für Material und anderes anfallen.

Die Erlebnisse in der Kategorie Kurz umfassen Aktivitäten und Attraktionen und Abenteuer, die weniger als drei Stunden dauern. Auch diese Erlebnisse haben ihre Wichtigkeit. Vergessen wir bei aller Vorfreude und Entschlusskraft nicht, dass ein Großteil der Zeit von Vater und Sohn durch Verpflichtungen gebunden sind. Arbeit, Schule, andere Familienmitglieder, Freunde, Bekannte, Haushalt, Hobbys, Schlaf: Die Liste hat ihr Ende noch nicht erreicht. Es liegt auf der Hand, dass von den 24 Stunden des Tages wenig übrig bleibt. Deshalb muss es auch kurze Erlebnisse geben. Übrigens: Einige der Erlebnisse kombinieren die Verpflichtungen mit den Väter-Söhnen-Erlebnissen, wie zum Beispiel bestimmte Hausarbeiten.

Die Kategorie "Gute Sache" umfasst die Erlebnisse, die die selbstlose Hilfe für andere Menschen zum Kern haben. Mit den

Erlebnissen aus der Kategorie "Gute Sache" gibst Du Deinem Sohn eine Anleitung, wie wichtig es ist, Menschen zu helfen. Die Erlebnisse aus der Kategorie "Bildung" haben nicht primär etwas mit der Schule zu tun. Bei diesen Abenteuern steht der Lerneffekt im Vordergrund. Ihr lernt bei diesen Erlebnissen etwas Neues dazu.

Erlebnisse für die gesamte Familie

Auch wenn sich dieses Buch und seine Erlebnisse vorrangig an den Vater und den Sohn richten, sollen die anderen Familienmitglieder nicht außen vor bleiben. Viele der Erlebnisse sind ohnehin so angelegt, dass sie die Mutter und die Geschwister oder Oma und Opa mit einbeziehen. Viele Erlebnisse eignen sich übrigens auch für die Kombinationen Mutter und Sohn oder Vater und Tochter.

Wie Du die Beziehung zu Deinem Sohn außerdem stärken kannst

Die Erlebnisse sind tolle Beispiele, um die Beziehung zu Deinem Sohn zu stärken. Sie beinhalten viele Aspekte, die im Allgemeinen und im Besonderen dazu geeignet sind, euch näher zu bringen. Die Prinzipien einer guten Beziehung sind allgemeingültig. Sie sind einfach umzusetzen, erfordern jedoch ein gewisses Maß an Achtsamkeit.

Nehme Deinen Sohn wirklich wahr

Hast Du Dich schon einmal gefragt, was Deinen Sohn gerade bewegt und was ihn beschäftigt? Dein Sohn ist eine eigene Persönlichkeit, in deren Leben es Themen gibt, die wichtig für ihn sind. Wie jeder Mensch hat er das Bedürfnis nach Anerkennung und Wertschätzung. Menschen, die fühlen, dass sie beachtet (nicht beobachtet) werden, erhalten eine solide Basis für ein stabiles Selbstbewusstsein.

Erkenne, achte und respektiere die Grenzen, die Dein Sohn setzt

Grenzen zu setzen, ist nicht allein Sache der Eltern. Lerne zu akzeptieren, dass auch Kinder das Bedürfnis haben, sich abzugrenzen oder Regeln aufzustellen, wie man mit ihnen umgehen soll. Nehme dieses Bedürfnis deines Sohnes genauso wichtig wie Dein eigenes. Dieses Verhalten schafft die Grundlage für einen akzeptablen Kompromiss.

Fördere die Neugierde und die Lust am Entdecken

Die meisten Söhne benötigen nicht alle drei Minuten den nächsten väterlichen Impuls. Sie suchen in der Regel ganz alleine die Beschäftigung, die ihre Kreativität anspricht. Du kannst beobachten und als Partner bereitstehen, wenn er Dich dazu einladen will. Unterstütze ihn dabei, Dinge auszuprobieren.

Bestrafe nicht

Strafen gehören in keine Vater-Sohn-Beziehung. Aus Strafen lernt ein Kind nicht. Es bekommt allenfalls Furcht und unterwirft sich. Dies ist wohl kaum, was Du erreichen möchtest. Zeige Deinen Sohn die Konsequenzen seiner Handlungen und gib ihm die Gelegenheit, selbst zu entscheiden, was richtig und was falsch war.

Gebe Fehler und Fehlverhalten offen zu

Jeder Mensch macht Fehler. Sei ehrlich und gebe Dein Fehlverhalten offen zu. Dein Sohn erhält auf diese Weise das Gefühl, dass er ernst genommen wird. Und er erfährt, dass auch Erwachsene nicht vollkommen sind und es auch nicht sein müssen. Auf diese Weise zeigst Du ihm, wie man Verantwortung für sich und sein Handeln übernimmt.

Achte auf Dich und die Atmosphäre

Der Alltag kann Dich müde, erschöpft und oft auch schlecht gelaunt machen. Das ergibt keine harmonische Atmosphäre, um mit Deinem Sohn liebevoll umzugehen. In solchen Situationen benötigst Du zunächst Ruhe und Ausgleich. Trage nicht diese negative Stimmung in das Verhältnis und die kostbare Zeit mit Deinem Sohn. Wenn Du die Atmosphäre nicht selbst ändern kannst, warte die Zeit ab, bis sie besser wird.

Erkenne die Gefühle Deines Sohnes und hilf ihm dabei, sie einzuordnen

Männern wird schon als Kind beigebracht, das Weinen, Mitleid, Emotionen an sich, nicht in das Repertoire eines echten Kerls gehören. Wir wissen mittlerweile, dass diese Einstellung falsch ist. Weinen, Schreien, wütend sein, Liebe, Mitleid: All diese Gefühle haben nicht nur ihre Berechtigung, sondern auch eine Ursache. Wenn Du Deinem Sohn regelmäßig erklärst, dass das, was er gerade fühlt, nicht angemessen ist, kann Dein Sohn es verlernen, sich und seinen Emotionen zu vertrauen. Das aber gerade erschwert es, mit starken und wichtigen Gefühlen umgehen zu können. Hilf Deinem Sohn die Gefühle, ihre Bedeutung, ihre Ursachen zu erkennen und zu verstehen.

Übernehme Verantwortung

Übernehme jederzeit die Verantwortung. Auch und gerade in der Vater-Sohn-Beziehung. Wenn Du bemerkst, dass die Beziehung nicht so gut läuft, fühle Dich verantwortlich, das zu ändern. Es ist Deine Verantwortung, für eine gute Beziehung zu sorgen und auch nur Du kannst etwas Wesentliches beitragen oder verändern. Suche nie die Schuld bei Deinem Sohn. Das bedeutet nicht, dass Du alles alleine machen musst. Lass Dir von anderen Menschen helfen. Wesentlich bleibt, dass Du Dich verantwortlich fühlst, etwas zu ändern, wenn es nicht so gut läuft.

Sei das Vorbild

Sei immer so, wie Du Dir den perfekten Vater vorgestellt hast. Dann kannst Du nichts falsch machen. Sei authentisch in dem, was Du sagst und was Du machst. Dann steht einer guten Vater-Sohn-Beziehung nichts mehr im Wege.

Wir wünschen viel Spaß beim Ausprobieren der 365 Erlebnisse.

ERLEBNISSE

DRACHEN BAUEN

1

Kategorie:

Um einen Drachen zu bauen, benötigst Du nicht viel: ein Blatt Papier in der Größe DIN A4, ein paar Meter festes Garn, Krepppapier, eine Nähnadel, bunte Stifte oder Wassermalfarben, Schere, Lineal, Bleistift und Klebstoff. Fertig ist das Spielgerät für windige Tage (siehe Erlebnis 6).

KLETTERN IM HOCHSEILPARK

2

Kategorie:

Im Hochseilgarten kannst Du mit Deinem Sohn Abenteuer in luftiger Höhe erleben. Überwindet dabei Höhenangst und erlebt unvergessliche Abenteuer, wenn das Adrenalin durch eure Adern rauscht. Hochseilgärten gibt es mittlerweile in jeder Region Deutschlands. Klettern im Hochseilgarten ist in der Regel vom Frühjahr bis zum Herbst möglich. Mehr über Hochseilgärten findest Du unter http://www.hochseilgarten-verzeichnis.de/.

INS THEATER GEHEN

3

Kategorie:

Ein Besuch im Theater ist ein kultureller Höhepunkt und ein Erlebnis, an das ihr euch gerne erinnert. Manchmal passt das Theaterprogramm zum Inhalt des Deutschunterrichts, zum Beispiel, wenn Dein Sohn gerade Goethes "Faust" in der Schule behandelt. Zum Theaterbesuch gehört es dazu, sich schick anzuziehen. Manche Theater haben eine Spielpause im Sommer.

DRAISINE FAHREN

4

Kategorie:

Auf stillgelegten Bahnschienen wird heute die Draisine fahren als Attraktion angeboten. Dabei bewegt ihr über ein mechanisches Handhebel-Gestänge ein Fahrzeug auf den Schienen. Dieses altertümliche Fortbewegungsmittel erfordert eine gute Koordination und Zusammenarbeit. Beste Voraussetzungen für einen gelungenen Vater-Sohn-Tag. Draisine fahren ist vornehmlich im Frühjahr, Sommer und Herbst möglich.

STERNSCHNUPPEN BEOBACHTEN

5

Kategorie:

Man nennt sie Perseiden. Rund um den 12. August gibt es bei klarem Himmel ein Maximum an Sternschnuppen am Himmel zu beobachten. Das ist ideal, denn dann sind die Nächte schön warm, es sind Ferien und es macht richtig Spaß, wenn Vater und Sohn bis lange in die Nacht aufbleiben, um gemeinsam Sternschnuppen zu beobachten. Nicht vergessen: Bei jeder Sternschnuppe dürft ihr euch etwas wünschen. Sternschnuppen könnt ihr auch zu anderen Zeiten ausprobieren.

DRACHEN STEIGEN LASSEN

6

Kategorie:

Wenn im Frühjahr und Herbst die Stürme über das Land jagen, ist Drachensteigen-Zeit. Zieht euch warm an und wappnet euch mit dem selbst gebauten Drachen von Erlebnis 1 oder einem gekauften. Nur zusammen könnt ihr den Drachen in die Luft bringen. Dieses Erlebnis braucht guten Wind. Regnen darf es aber nicht.

SEIFENKISTE BAUEN

7

Kategorie:

Vier Räder, die an eine Kiste geschraubt werden: Fertig ist die Seifenkiste. Hört sich ganz simpel an. Das Gefährt sollte einigermaßen sicher sein, denn mit der Seifenkiste geht es einen Hügel hinab (siehe Erlebnis 42). Planen, tüfteln, ausprobieren und werkeln gehören zu den Tätigkeiten beim Seifenkiste bauen. Ein Riesenspaß!

KANU FAHREN

8

Kategorie:

Auf Flüssen, Bächen, Kanälen und Seen ist das Kanu fahren möglich. Lade Deinen Sohn zu einer Entdeckungstour auf dem Wasser ein. Du hast dabei die Wahl zwischen zwei Einzel-Kanus oder einem Zweier-Kanu. Dein Sohn sollte wie Du schwimmen können. Ein tolles Abenteuer inmitten der Zivilisation. Kanu fahren ist vom Frühjahr über den Sommer bis in den Herbst hinein möglich.

ZIMMER RENOVIEREN

9

Kategorie:

Steht im Kinderzimmer oder in der Wohnung ein Tapetenwechsel an? Dann erledigt diese Aufgabe doch gemeinsam. Beteilige Deinen Sohn an den Entscheidungen sowie an der Auswahl der Materialien und Farben. Umso begeisterter wird er bei der Ausführung der Renovierung sein und umso mehr wird er das Ergebnis schätzen. Frisch ans Werk und gemeinsam tapezieren, streichen und reparieren.

GEMEINSAM JOGGEN

10

Kategorie:

Das Laufen ist nicht ohne Grund eine der beliebtesten Sportarten. Dafür benötigt man keine Geräte, nur angemessene Kleidung. Joggen ist praktisch überall und zu jeder Zeit möglich. Ein tolles Hobby, das Du gemeinsam mit Deinem Sohn ausüben kannst. Zusätzlich tut ihr etwas Gutes für die Gesundheit und eure Ausdauer. Joggen ist das ganze Jahr über möglich; nur bei sehr tiefen Temperaturen sollte es unterbleiben.

SPRITZTOUR MIT DEM AUTO

11

Kategorie:

Es ist der Traum jedes Alltaggestressten: einfach ins Auto steigen und losfahren. Nicht darüber nachdenken, wohin die Reise geht. Spontan der Nase nach, vom Wind getrieben. Ein Hauch von Freiheit und von Abenteuer. Genießen lässt sich dieses Gefühl noch besser zusammen mit dem Sohn. Dieses Erlebnis lässt sich gut mit einem Camping oder einem Hotelaufenthalt verbinden.

EINE GALERIE BESUCHEN

12

Kategorie:

In Galerien werden Bilder und andere Kunstwerke ausgestellt. Hier kannst Du Dich zusammen mit Deinem Sohn inspirieren lassen und einen tollen Tag verbringen. Diskutiert über die verschiedenen Kunstwerke und erörtert wie Experten deren Vorzüge und Nachteile. Galerien nehmen in der Regel keinen Eintritt.

PFEIL UND BOGEN BASTELN

13

Kategorie:

Einmal wie Indianer mit Pfeil und Bogen unterwegs sein. Dieser Traum lässt sich beim Vater-Sohn-Abenteuer spielerisch und kostengünstig erfüllen. Die Grundlage für den Bogen bietet ein biegsamer, gerader Ast. Dieser lässt sich mit einer herkömmlichen Angelsehne oder einfach einer Schnur spannen. Für die Pfeile eignen sich gerade, kurze Zweige. Fertig ist das Indianer-Abenteuer. Dieses Erlebnis lässt sich von Frühjahr über den Sommer bis in den Herbst verwirklichen.

HALLOWEEN FEIERN

14

Kategorie:

Süßes oder Saures gibt es an Halloween. Verkleide Dich zusammen mit Deinem Sohn und begleite ihn auf der Tour durch die Nachbarschaft. Ihr könnt zusammen ein Gedicht lernen oder einen Sketch vortragen. Alternativ gibt es zeitgleich Veranstaltungen, wenn ihr Halloween nicht feiern wollt. Halloween findet traditionell am letzten Tag des Oktobers statt.

ZUM FUSSBALLSPIEL INS STADION

15

Kategorie:

Habt ihr einen gemeinsamen Lieblingsverein? Dann besuche doch das nächste Heimspiel gemeinsam mit Deinem Sohn im Stadion und unterstützt euren Verein lautstark. Vielleicht könnt ihr sogar ein Autogramm von eurem Lieblingsfußballer ergattern. Erlebt gemeinsam die tolle Atmosphäre, die die Fans verbreiten. Ein Stadionbesuch ist das ganze Jahr über möglich, die meisten Ligen haben jedoch eine Sommer- und Winterpause.

EINE LESUNG BESUCHEN

16

Kategorie:

Autorenlesungen werden immer beliebter. Besuche mit Deinem Sohn die Lesung einer Autorin oder eines Autors in eurer Nähe. Vorlesen gehört noch immer zu den schönsten Kindheitserlebnissen. Dabei kann man der Geschichte lauschen und später mit der Autorin oder dem Autor ins Gespräch kommen.

EINEN FLOHMARKT VERANSTALTEN

17

Kategorie:

In einem Haushalt finden sich immer Dinge, die man nicht mehr braucht. Solche Gegenstände könnt ihr gemeinsam auf einem Flohmarkt verkaufen. Mit dem Erlös könnt ihr das eine oder andere Erlebnis finanzieren. Ein Flohmarkt ist ein besonderes Erlebnis. Hier wird gefeilscht und geredet. Ein spannendes Erlebnis für Vater und Sohn. Flohmärkte gibt es vom Frühjahr bis in den späten Herbst hinein.

ERDBEEREN UND HIMBEEREN PFLÜCKEN

18

Kategorie:

Im Sommer bieten viele Bauernhöfe das Selberpflücken von Erdbeeren, Himbeeren, Brombeeren und weiteren Früchten an. Das ist nicht nur gesünder und günstiger als gekauftes Obst, sondern macht auch viel Spaß. Ihr seid an der frischen Luft und füllt die Gefäße gemeinsam. Dieses Erlebnis könnt ihr zu den Erntezeiten der jeweiligen Früchte, etwa zwischen Mai und August, durchführen.

AB IN DEN ZOO

19

Kategorie:

Einen Tierpark gibt es garantiert auch in Deiner Nähe. Besucht den Zoo gemeinsam und lernt die verschiedenen Tiere, die es dort gibt, kennen. Ob exotisch oder heimisch: Tiere faszinieren uns immer wieder. Nur in Tierparks kann man sie noch aus der Nähe betrachten und ihr Verhalten studieren. In den meisten Zoos gibt es zusätzliche Erlebnisse wie Spielplätze.

GESCHICHTE IM HEIMATMUSEUM ENTDECKEN

20

Kategorie:

Jeder größere Ort in der Nähe verfügt über ein Heimatmuseum. In einem solchen Museum beschäftigt man sich mit der Geschichte der näheren Umgebung. Besuche mit Deinem Sohn das nächste Heimatmuseum und informiert euch über die Historie eures Wohnortes.

FUSSBALL SPIELEN

21

Kategorie:

Im Garten oder auf dem Bolzplatz könnt ihr zusammen Fußball spielen. Dazu benötigt ihr nur einen Ball und passende Kleidung. Du kannst verschiedene Spielvarianten versuchen. Zum Beispiel den Ball zueinander passen und auf ein Tor spielen. Oft finden sich schnell andere Kinder, die mitspielen möchten. So wird euer Vater-Sohn-Spiel zu einem Nachbarschaftsvergnügen. Fußball spielen geht am besten im Frühjahr, Sommer und Herbst.

PUZZELN

22

Kategorie: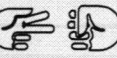

Puzzeln ist ein kurzweiliger Zeitvertreib, der nichts an seiner Beliebtheit verloren hat. Mittlerweile gibt es ihn in verschiedenen Varianten. Zum Beispiel als 3-D-Puzzle. Besonders wertvoll für gemeinsamen Spaß sind Puzzles mit hohen Teilezahlen. Nach Fertigstellung kann das Puzzle – je nach Ausführung – als Bild oder Skulptur im Kinderzimmer ausgestellt werden.

EINEN SONNENUNTERGANG GENIEßEN

23

Kategorie:

Am Meer oder von einem erhöhten Standpunkt aus, lässt sich ein Sonnenuntergang am besten beobachten. Wähle dafür einen Tag mit klarem Himmel, dann stören keine Wolken die Aussicht. Ein Sonnenuntergang ist ein unvergessliches Erlebnis, das voller Romantik, toller Stimmung und einem kleinen Schuss Melancholie steckt.

AUS DEM ESCAPE ROOM ENTKOMMEN

24

Kategorie: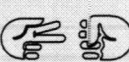

Escape Rooms sind beliebte Rätselaufgaben. Es gilt durch das Suchen von Dingen oder Lösen von Aufgaben, einen Raum zu verlassen. Hier kannst Du mit Deinem Sohn perfekt zusammenarbeiten, um eine Aufgabe klug und geschickt zu lösen. Das Spiel könnt ihr vorher online üben.

GRILLEN

25 Kategorie:

Ob Fleisch oder Gemüse: Das BBQ ist eine tolle Familiengeschichte. An lauen Sommerabenden gemeinsam auf dem Balkon oder der Terrasse sitzen und am Grill zubereitete Köstlichkeiten verspeisen. Für viele Menschen ist das der Inbegriff des Sommers. Grillen wird herkömmlich als "Männersache" bezeichnet. Weihe Deinen Sohn in die Geheimnisse des Grillens ein. Gegrillt werden kann von Frühjahr bis in den Herbst.

IM FREIZEITPARK SPAß HABEN

26 Kategorie:

Freizeitparks gibt es in vielen Teilen des Landes. Sie bieten zahlreiche Attraktionen, die reichlich Adrenalin in die Adern spülen. Achterbahn, Riesenrad, Wasserrutschen sind nur einige Beispiele. Hier könnt ihr einen ganzen Vater-Sohn-Tag verbringen. Die meisten Freizeitparks haben im Winter geschlossen; an allen anderen Jahreszeiten aber geöffnet.

EIN PICKNICK VERANSTALTEN

27

Kategorie:

Ein Picknick-Korb ist schnell gepackt. Ein paar belegte Brote, Obst und Gemüse sowie Getränke und fertig. Mit dem Auto oder dem Fahrrad geht es in den nächsten Park. Als Unterlage dient eine Decke und schon ist das schönste Picknick zubereitet. Hier kannst Du mit Deinem Sohn entspannen, ein Buch lesen oder einfach einen schönen Tag genießen.

GEMEINSAM KOCHEN

28

Kategorie:

Ob ein einfaches Nudelgericht oder ein 5-Gänge-Menü: Das gemeinsame Kochen verstärkt die Bindung zwischen Vater und Sohn. Kochen ist viel komplexer als gemeinhin angenommen. Da muss geplant, eingekauft und vorbereitet werden. Verbunden werden kann das gemeinsame Kochen mit einem Essen für die gesamte Familie.

IM ERLEBNISCAMP URLAUBEN

29

Kategorie:

Spezielle Erlebniscamps für Väter und Söhne gibt es über die gesamte Bundesrepublik verteilt. Sucht euch eines davon aus und unternehmt einen tollen Abenteuer-Urlaub. Im Erlebniscamp gibt es je nach Einrichtung viele unterschiedliche Attraktionen und Abenteuer zu erleben. Grundsätzlich haben die Erlebniscamps das gesamte Jahr über geöffnet.

EINE STÄDTEREISE UNTERNEHMEN

30

Kategorie:

Sucht euch eine Metropole, Stadt oder Kleinstadt aus, die ihr besuchen wollt. Sie kann ganz in der Nähe liegen oder auch weiter entfernt sein. Erkundet die Stadt durch Stadtrundfahrten oder ausgedehnte Spaziergänge. Besucht ihre Sehenswürdigkeiten und Attraktionen.

EIN BAUMHAUS BAUEN

31

Kategorie:

Wenn Du einen Garten mit einem schönen alten, stabilen Baum besitzt, kannst Du mit Deinem Sohn zusammen ein cooles Baumhaus bauen. Dazu gehört ein wenig handwerkliches Können. Beim Baumhaus bauen seid ihr die Architekten, Bauherren und Arbeiter gleichzeitig. Beteilige Deinen Sohn bereits bei den Planungen. Umso engagierter wird er bei der Umsetzung sein. Für das Baumhaus bauen eignen sich das Frühjahr, der Sommer und der Herbst am besten.

KLINGELSTREICHE MACHEN

32

Kategorie: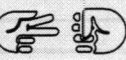

Der Reiz, etwas Geheimes und Verbotenes zu tun, steckt in uns allen. Ein Klingelstreich gehört auch zu diesen Dingen, ist jedoch im Vergleich ziemlich harmlos. Sucht euch für diesen Streich bitte keine alten Menschen aus. Es geht ja nicht darum, andere zu ärgern, sondern gemeinsam etwas "Verbotenes" zu tun. Mache deinem Sohn aber auch klar, dass dies eine Ausnahme ist.

GEMEINSAM DEN VATERTAG VERBRINGEN

33

Kategorie:

Im Mai wird traditionell der Vatertag gefeiert. Vom alten Brauch, diesen Tag mit geistvollen Getränken zu verfeinern, wird heute immer seltener Gebrauch gemacht. Es ist vielmehr ein Familientag geworden. Heute habt ihr beide die beste Gelegenheit, eure Verbundenheit durch gemeinsam geplante Aktivitäten zu zeigen. Obgleich der offizielle Vatertag im Mai ist, spricht nichts dagegen, eigene "Vatertage" zu entwerfen und sie über das ganze Jahr zu verteilen.

EINEN AUSSICHTSTURM BESTEIGEN

34

Kategorie: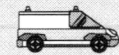

An Seen und Hügeln stehen häufig Türme, von denen aus man weit in das Land oder auf das Wasser sehen kann. Dies kann ein Leuchtturm sein oder ein hölzerner Turm. Du findest solche Aussichtspunkte sicher auch in Deiner Nähe. Einen Aussichtsturm könnt ihr das ganze Jahr über besteigen und die Aussicht genießen. Im Winter wird die Aussicht nicht durch das Laub der Bäume beeinträchtigt.

FÄHRFAHRT VON ROSTOCK NACH GEDSER

35

Kategorie:

Von Rostock dauert die Überfahrt nach Gedser in Dänemark keine zwei Stunden. Auf der Fähre könnt ihr eine Seefahrt genießen und im Schiffshop Einkaufen. In Gedser erwartet euch eine idyllische Gemeinde mit viel Strand und viel Ostsee. Die Fähren fahren alle zwei Stunden, sodass ihr euren Aufenthalt flexibel gestalten könnt. Die Fähre verkehrt das ganze Jahr über.

EINE GESCHICHTE SCHREIBEN

36

Kategorie:

Denkt euch eine schöne Geschichte aus und schreibt sie auf. Das kann ein Märchen oder eine Kurzgeschichte sein. Erfindet dazu die passenden Figuren oder stellt euch vor, ihr wärt in dieser Geschichte. Lasst eurer Fantasie dabei freien Lauf. An diesem Erlebnis könnt ihr jeden Tag ein wenig weiterschreiben. So habt ihr das ganze Jahr über eine gemeinsame Aktivität.

RODELN

37

Kategorie:

Wenn der Schnee in dicken Flocken fällt, ist es Zeit, den Schlitten aus der Garage zu holen und die Kufen einzuwachsen. Der nächste Rodelberg ist eurer. Zu zweit oder jeweils mit dem eigenen Schlitten geht es in rasanter Fahrt den Hügel hinab. Diese Aktivität ist für den Winter vorbehalten.

BUCKET LIST VATER-SOHN ERSTELLEN

38

Kategorie:

Nehmt euch diese Bucket Liste für Vater-und-Sohn-Aktivitäten vor und ergänzt sie durch eigene Ideen. Lasst eurer Fantasie freien Lauf und überlegt, welche speziellen Möglichkeiten es in eurer Region gibt. Verfeinert die Vater-Sohn-Bucket List so weit, dass eure ganz eigene, individuelle Liste entsteht. Viel Spaß beim Ausdenken und Ausführen.

LEGOLAND IN BILLUND BESUCHEN

39

Kategorie:

Mit den kleinen Bauklötzchen spielen Kinder und viele Erwachsene gerne. Doch wo entstehen die Lego-Teile und wie werden sie hergestellt. Einen Einblick in die Geheimnisse des beliebten Spielzeugs und weitere Aktivitäten gibt es in Legoland in Billund, Dänemark oder in Günzburg zu bestaunen. Mehr Informationen dazu gibt es unter https://www.legoland.de/

EINE AUSLANDS-LISTE ERSTELLEN

40

Kategorie:

Setze Dich mit Deinem Sohn zusammen und schreibt auf, in welchen Ländern ihr bereits gewesen seid. Dann ergänzt diese Liste mit den Ländern, die ihr noch besuchen wollt. Plant diese Reisen zusammen und erzählt euch gegenseitig, was euch an den Regionen und Gebieten, die ihr bereisen möchtet, so sehr gefällt.

EINEN BAUM PFLANZEN

41

Kategorie:

Unsere Umwelt braucht Bäume, sie sind die Lunge der Erde. Dies kannst Du Deinem Sohn am besten dadurch vermitteln, dass ihr gemeinsam einen Baum pflanzt. Später hegt und pflegt ihr diesen Baum gemeinsam. Da Bäume sehr alt werden, habt ihr auch in den folgenden Jahren eine tolle Erinnerung an diese gemeinsame Aktion. Einen Baum pflanzt ihr am besten im Frühjahr.

SEIFENKISTEN FAHREN

42

Kategorie:

Erinnert ihr euch noch an Erlebnis 7? Dort habt ihr eine Seifenkiste gebaut. Jetzt gilt es, mit dieser Seifenkiste an einem Rennen teilzunehmen. Wer kommt mit seinem Gefährt am schnellsten den Hügel hinab? Seifenkisten können im Frühling, Sommer und Herbst fahren.

ONLINE-GAME SPIELEN

43

Kategorie: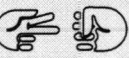

Gemeinsam spielen geht auch digital. Dabei könnt ihr ein Team bilden oder gegeneinander antreten. Sucht euch am besten gemeinsam ein passendes Spiel aus. Auf diese Weise unternimmst du nicht nur etwas mit deinem Sohn, sondern kannst aus eigener Erfahrung nachvollziehen, was er am Computer spielt.

WEIHNACHTSBAUM SCHMÜCKEN

44

Kategorie:

Traditionell wird der Weihnachtsbaum in vielen Familien an Heiligabend geschmückt. Übernehme diese Aufgabe mit Deinem Sohn zusammen. Lichterkette, Weihnachtskugel und zum Schluss die Spitze obenauf. Ihr müsst natürlich nicht bis Heiligabend warten. Begründet doch einfach eine neue, eigene Tradition.

SCHNEEMANN BAUEN

45

Kategorie:

Wenn im Garten oder im Park tiefer, nasser Schnee liegt, ist es die beste Zeit, einen Schneemann zu bauen. Zwei große Kugeln bilden den Unterbau, auf den der Kopf aufgesetzt wird. Nun braucht ihr noch Utensilien zum Schmücken wie eine Nase, Augen, einen Hut und einen Strauch in die Hand. Gebaut werden Schneemänner traditionell und witterungsbedingt im Winter.

PIRATEN SPIELEN

46

Kategorie:

Piraten regen die kindliche Fantasie an, wie es nur noch Indianer schaffen. Piraten stehen für Freiheit und Abenteuer. Du kannst dieses Gefühl bei Deinem Sohn fördern, indem ihr euch als Piraten verkleidet und ihre Abenteuer nacherlebt. Dazu muss man nicht unbedingt ein Schiff besitzen. Lasst eure Fantasie frei.

ZUM FASCHING IM PARTNERLOOK VERKLEIDEN

47

Kategorie:

An Fasching wird sich zünftig verkleidet. Probiert es doch einmal im Vater-Sohn-Partnerlook. Auf diese Weise zeigt ihr eure Verbundenheit auch nach außen. Ihr könnt zum Beispiel die Verkleidung aus Erlebnis 46 nutzen. Oder etwas ganz Neues entwerfen. Fasching wird traditionell im Winter gefeiert.

EINE EIGENE WHATSAPP-GRUPPE GRÜNDEN

48

Kategorie:

Sicher nutzt Du einen Messenger-Dienst wie WhatsApp. Macht eure eigene Gruppe auf. Die Vater-Sohn-Gruppe, in der ihr eure Erlebnisse plant und festhalten könnt. Diese Gruppe gehört euch ganz alleine. Eine Messenger-Vater-Sohn-Gruppe könnt ihr jederzeit gründen.

AUF EINEN BAUM KLETTERN

49

Kategorie:

Suche Dir einen geeigneten Baum im Wald oder im Garten. Er sollte nicht zu hohe Anforderungen stellen, aber auch Koordination und Kraft erfordern. Klettert zusammen auf den Baum und spürt die Freiheit, die zwischen den Ästen und Zweigen zu fühlen ist. Schaut von eurem Baumsitz in die Landschaft und genießt die gemeinsame Aktivität.

IN EINE HÖHLE STEIGEN

50

Kategorie:

In vielen Regionen des Landes gibt es Höhlen, die ihr besuchen könnt. Zum Beispiel im Harz. Unter der Erde gibt es viele Geheimnisse zu lüften und Einzigartiges zu entdecken. Für die meisten Höhlen gibt es besondere Führungen.

OSTEREIER VERSTECKEN

51

Kategorie:

Ganz klassisch werden zu Ostern die Geschenke in der Natur versteckt. Übernehme diese Aufgabe mit Deinem Sohn zusammen und verbergt die Ostereier für die Mutter und die Geschwister. Überlegt euch raffinierte und altersgemäße Verstecke. Zusätzlich könnt ihr Garten und Balkon für das Osterfest schmücken. Ostern wird im Frühjahr gefeiert.

EINEN VOLKSHOCHSCHULKURS BESUCHEN

52

Kategorie:

Obgleich Volkshochschulen Teil der Erwachsenenbildung sind, bieten sie häufig Kurse an, an denen auch Kinder teilnehmen können. Die Auswahl an den meisten Volkshochschulen ist groß. Sie reicht vom Erlernen einer Fremdsprache bis zu handwerklichen und künstlerischen Tätigkeiten wie Töpfern oder Malen.

IN DEN ZIRKUS GEHEN

53 Kategorie: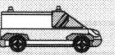

Wenn der Zirkus in der Stadt sein Zelt aufschlägt, habt ihr eine gute Gelegenheit, um ein weiteres Erlebnis auf eurer Bucket Liste zu erfüllen. Jeder muss wenigstens einmal in einem Zirkus erlebt haben, wie Drahtseiltänzer, Clowns und Dompteure sich hautnah anfühlen. Ein Zirkus tourt meist vom Frühjahr bis zum Herbst.

EINE STADTRUNDFAHRT UNTERNEHMEN

54 Kategorie:

In jeder größeren Stadt gibt es Stadtrundfahrten. Diese können ganz unterschiedlich ausgeprägt sein. So gibt es Stadtrundfahrten mit dem offenen Bus, einem Boot oder in der Kutsche. Bucht euch einen Platz für eine solche Stadtrundfahrt und genießt die Sehenswürdigkeiten exklusiv und bequem. Stadtrundfahrten werden meist von Frühjahr über den Sommer bis in den Herbst angeboten.

EIN KONZERT BESUCHEN

55

Kategorie:

Hast Du den gleichen Musikgeschmack wie Dein Sohn? Oder mögt ihr die gleiche Band? Dann besucht doch gemeinsam ein Konzert. Ob Klassik oder Pop: Die Atmosphäre in einer Halle oder einem Stadion mit Live-Musik ist einzigartig und nicht mit dem Musik hören zu Hause zu vergleichen.

MIT DEM BUS NACH PARIS FAHREN

56

Kategorie:

Fernreisen werden heute günstig als bequeme und komfortable Busreisen angeboten. Zum Beispiel eine Busfahrt in die französische Hauptstadt. Das Schöne an einer Busfahrt ist, dass ihr euch während der Fahrt entspannen und etwas gemeinsam machen könnt. Zum Beispiel spielen.

EINE SONNEN- ODER MONDFINSTERNIS BEOBACHTEN

57

Kategorie:

Sonnen- und Mondfinsternisse gibt es öfter zu beobachten als angenommen. Sie können jedoch nicht immer von eurem Standort aus gesehen werden. Sucher dir das nächste Datum für eine Sonnen- oder Mondfinsternis oder auch einen Kometen heraus und plane, dieses Naturereignis zusammen mit Deinem Sohn zu beobachten.

IN DER NACHT NACH BERNSTEIN SUCHEN

58

Kategorie:

Auf den ersten Blick hört sich dieses Erlebnis merkwürdig an. Dabei ist das Bernsteinsuchen in der Nacht nicht ungewöhnlich. Ihr benötigt dazu nur eine UV-Lampe und Schutzbrillen. Bernstein leuchtet bei UV-Licht grellgelb und lässt sich leicht von anderen Steinen unterscheiden. Diese Methode wenden erfahrene Bernsteinsammler an. Der Nachtspaziergang an der See ist zudem ein weiteres Abenteuer. Die beste Zeit zum Bernsteinsammeln sind Frühjahr, Herbst und Winter.

KREBSE FANGEN

59

Kategorie:

Gibt es bei euch in der Nähe einen Bach mit sauberem Wasser? Dann versucht doch einmal, in dem Gewässer Krebse zu fangen. Sie verstecken sich meist unter Steinen. Bitte lasst die Tiere wieder frei, wenn ihr sie gefangen habt. Krebse fangen geht besonders gut im Frühjahr und im Sommer.

EINEN VATER-SOHN-ACCOUNT AUF INSTAGRAM UND CO.

60

Kategorie:

Richtet euch auf Instagram, Twitter oder Facebook einen gemeinsamen Vater-Sohn-Account ein. Hier könnt ihr zum Beispiel Bilder und Texte zu euren gemeinsamen Erlebnissen veröffentlichen. Mit euren Posts inspiriert ihr vielleicht andere Väter und Söhne, es euch gleich zu tun. Einen Account auf Social Media könnt ihr ganzjährig einrichten und pflegen.

EINEN ABEND AUF DEM HOCHSITZ

61

Kategorie:

Sicher gibt es auch in eurer Nähe einen Hochsitz, den zum Beispiel Jäger nutzen. Erkundigt euch, ob ihr einmal auf einen Hochsitz dürft, um Tiere zu beobachten. Die beste Zeit dafür ist die Dämmerung, denn dann treten Rehe und Wildschweine aus dem Wald nach draußen, um Nahrung zu suchen. Wenn ihr regelmäßig auf den Hochsitz geht, könnt ihr die Veränderungen im Revier beobachten.

EINE SCHNITZELJAGD VERANSTALTEN

62

Kategorie:

Bei einer Schnitzeljagd geht es darum, anhand von Spuren ein Rätsel zu lösen oder einen Schatz zu finden. Ihr könnt Schnitzeljagden gegenseitig veranstalten oder für den Rest der Familie und Freunde gemeinsam organisieren.

EINEN TANZKURS BELEGEN

63

Kategorie:

Ernsthaft? Männern wird nachgesagt, dass sie oft nicht gut tanzen können. Gerade deshalb bietet sich für Vater und Sohn die Teilnahme an einem Tanzkurs an. Hier lernt ihr die elementaren Schritte für die verschiedenen Tänze von Profis. Nach Abschluss des Kurses könnt ihr selbstbewusst auf die Tanzfläche gehen und eure Partnerinnen beeindrucken.

GESCHENKE BASTELN

64

Kategorie:

Ob zum Geburtstag oder zu Weihnachten: Geschenke kann man nicht genug haben. Besonders persönlich sind selbst gebastelte Gaben. Überlegt zusammen, wem ihr welche Geschenke basteln könnt und macht euch ans Werk.

EINEN HASENSTALL BAUEN

65

Kategorie:

Wer im Garten oder im Kinderzimmer ausreichend Platz für Haustiere hat, hat vielleicht schon einmal über das Halten von Zwergkaninchen nachgedacht. Diese putzigen Tiere benötigen einen Stall. Den kann man kaufen oder selber als Vater-Sohn-Projekt basteln. Gestaltet den Stall ganz individuell für eure Hasen.

BUNDESLÄNDER-LISTE MACHEN

66

Kategorie:

Macht euch eine Liste über die Bundesländer und ihre Hauptstädte. Das Thema hat Dein Sohn ohnehin in der Schule. Jetzt hakt ihr ab, welches Bundesland und welche Hauptstadt ihr bereits besucht habt. Anschließend plant ihr, wann und wie ihr die noch fehlenden Länder und Orte besuchen könnt.

EISHOCKEY SPIELEN

67

Kategorie:

Ist der kleine Teich im Dorf zugefroren und haben die Behörden das Betreten erlaubt, dann ist es höchste Zeit zum Eishockey-Spielen. Schnallt euch die Schlittschuhe unter die Schuhe und schnappt euch einen Schläger. Häufig stoßen schnell weitere Kinder und Erwachsene zu euch, um mit euch diesem Sport nachzugehen. Eishockey wird im Winter gespielt.

EINEN FRIEDHOF AUFSUCHEN

68

Kategorie:

Friedhöfe sind stille Orte der Erinnerung. Besuche mit Deinem Sohn den Friedhof, auf dem Verwandte von euch begraben liegen. Erzähle ihm von den Menschen und gedenkt ihrer gemeinsam. Nehmt für den Besuch Blumen und Kerzen mit und schmückt damit das Grab.

EINEM OBDACHLOSEN ESSEN GEBEN

69

Kategorie:

Wer aufmerksam durch die Innenstadt eines größeren Ortes geht, kann leider viele Menschen sehen, die kein Zuhause haben, kein Geld, um sich Essen zu kaufen und betteln müssen. Kaufe zusammen mit Deinem Sohn Nahrungsmittel ein und verteile Sie an solche Menschen.

EINE KREUZFAHRT UNTERNEHMEN

70

Kategorie:

Kreuzfahrten mit der Dauer von nicht mehr als vier Tagen werden als Mini-Kreuzfahren bezeichnet. Nehmt euch ein paar Tage Auszeit vom Alltag und unternehmt eine tolle Mini-Kreuzfahrt auf der Ost- oder Nordsee oder im Mittelmeer.

WEIHNACHTSPLÄTZCHEN BACKEN

71

Kategorie:

Ab in die Weihnachtsbäckerei! Zutaten kaufen und vorbereiten, Teig kneten und ausrollen, dekorieren, ausschneiden und backen. Wenn die Küche vom Plätzchenduft und dem Geruch von Zimt und Mandeln erfüllt ist, ist Weihnachten nicht mehr fern. Über Weihnachtsplätzchen freut sich die ganze Familie. Sie eignen sich auch als tolles Geschenk. Die Weihnachtsbäckerei öffnet zur Adventszeit.

IN DIE SAUNA GEHEN

72

Kategorie:

Der Besuch einer Sauna fördert die Gesundheit. Beim Schwitzen gelangen viele Schadstoffe aus der Haut und der Kreislauf wird angekurbelt. Viele Hotels und Schwimmbäder bieten einen Saunabesuch an, der oft nicht viel kostet.

EIN SCHLOSS BESICHTIGEN

73

Kategorie:

Sicher gibt es auch in Deiner Nähe ein Schloss, das man besichtigen kann. Die alten Gebäude überzeugen durch ihre ausgefallene Bauweise und luxuriöse Einrichtung. Sie erzählen von längst vergangenen Zeiten und wecken das Gefühl und Interesse für Geschichte.

MIT DER U- ODER STRAßENBAHN FAHREN

74

Kategorie:

In größeren Städten gibt es U- oder Straßenbahnen. Fahrt mit diesen Spezial-Gefährten mindestens eine Station und genießt das besondere Feeling dabei. Gerade wenn man nicht in der Stadt lebt, ist dies ein unvergesslicher Moment.

MIT DEM FLUGZEUG FLIEGEN

75

Kategorie:

Das Flugzeug ist ein besonderes Fortbewegungsmittel. Hoch über den Wolken zu sein ist für manche Freiheit, für manche Stress pur. Probiert gemeinsam aus, was Fliegen für euch bedeutet. Verbindet den Flug mit einem Kurzurlaub.

KART FAHREN

76

Kategorie:

Statt an der Konsole kannst Du mit Deinem Sohn Kart in der Realität fahren. Bei den meisten Veranstaltern geht das sowohl Indoor wie Outdoor. Zum Beispiel auf der längsten Kartbahn Europas. Die Dinslakener Kartarena bietet eine Rennstrecke von 2,5 Kilometern. Mehr Informationen findest Du hier.

AB AUF DEN BAUERNHOF

77

Kategorie:

Insbesondere der städtische Nachwuchs verliert allmählich den Bezug zur Natur. Gerade dann bietet sich ein Bauernhofbesuch an. Hier könnt ihr euch direkt vor Ort über die Themen Landwirtschaft, Klima, Ernährung, Konsum und Umwelt informieren.

BRETTSPIELE

78

Kategorie:

Brettspiele (für die Jüngeren: Es handelt sich um Offline-Spiele) sind heute angesagter denn je. Nimm Dir für jede Woche ein neues Spiel mit Deinem Sohn vor. Brettspiele sind in der Regel schnell und leicht zu lernen und machen zu zweit richtig viel Spaß. Zusätzlich fördern die meisten Spiele wie Schach, Dame und Mühle das logische Denken. Auf diese Weise bleibt Deine Denkfabrik aktiv und die von Deinem Sohn entwickelt sich spielend. Dieses Erlebnis ist zu jeder Jahreszeit möglich. Bei gutem Wetter kann es auch draußen erfolgen.

RADTOUR

79

Kategorie:

Eine Radtour von Vater und Sohn bietet gleich mehrere Vorzüge. Zuvorderst steht das gemeinsame Erlebnis, das Gefühl, zusammen ein Abenteuer erlebt zu haben. Die Radtour sollte ein bestimmtes Ziel zum Inhalt haben, zum Beispiel das Erreichen einer Sehenswürdigkeit, einer besonderen Shopping-Gelegenheit. Auf diese Weise wirkt das Ziel wie eine Belohnung. Radfahren fördert zudem die Gesundheit und die Ausdauer. Du bewegst Dich mit Deinem Sohn an der frischen Luft. Das Erlebnis eignet sich vornehmlich für den Sommer, teilweise auch für Frühjahr und Herbst.

DER VATER-SOHN-BLOG

80

Kategorie:

Gemeinsamkeiten verbinden. Warum dokumentierst Du die Erfüllung eurer Bucket List nicht im Internet in Form eines gemeinsamen Blogs. Hier könnt ihr eure Erlebnisse durch kleine Texte und Fotos präsentieren und andere Väter und Söhne inspirieren. Darüber hinaus lernst Du zusammen mit Deinem Sohn, wie man Texte schreibt, Webseiten programmiert, gute Fotos macht und diese in den Auftritt integriert. Heute gibt es Anbieter von kostenfreien Webseiten, die zusätzlich Baukästen für die Erstellung von Webseiten anbieten. Das Erlebnis kann jahreszeitunabhängig erfolgen.

MUSIKINSTRUMENT SPIELEN

81

Kategorie:

Gemeinsam Musizieren verbindet Menschen auf eine besondere, einzigartige Weise. Lerne zusammen mit Deinem Sohn ein Instrument. Das kann das gleiche Instrument sein, wie zum Beispiel Gitarre oder Blockflöte. Es können aber auch unterschiedliche Instrumente werden wie Querflöte und Kontrabass. Musikschulen und Volkshochschulen in Deiner Umgebung bieten dazu Kurse an. Ein Musikinstrument könnt ihr zu jeder Jahreszeit lernen.

SCHATZSUCHE MIT GEOCACHING

82

Kategorie:

Das moderne Pendant zur Schnitzeljagd heißt Geocaching. Dabei geht es querfeldein über Wiesen, Wälder und Felder nach Anleitung des Smartphones, um einen versteckten Schatz zu finden. Das Erlebnis kann praktisch zu jeder Jahreszeit durchgeführt werden, wenn ihr die richtige Kleidung bedenkt. Weitere Informationen findet ihr bei Geocaching.com.

HANDWERKER

83

Kategorie:

Sägen, bohren, lackieren, schleifen: Das Handwerk hat nicht nur goldenen Boden, es macht einfach Spaß mit den eigenen Händen etwas Sinnvolles herzustellen. Gemeinsam kannst Du mit Deinem Sohn je nach Altersgruppe einfachere oder anspruchsvolle Projekte verwirklichen. Das kann von der kleinen Reparatur im Haus bis zum Weihnachtsgeschenk für die Mama eine große Bandbreite erfüllen. Dieses Erlebnis ist zu jeder Jahreszeit möglich.

HEISSLUFTBALLON FAHREN

84

Kategorie: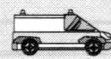

Der gemeinsame Flug in einem Heißluftballon ist eine unvergessliche Sache. Hier, weit über den Dächern der Stadt, habt ihr einen wundervollen Ausblick auf die Landschaft und die gesamte Region. Und Herzklopfen ist natürlich auch dabei. Bei den meisten Anbietern heißt es beim Auf- und Abbau des Ballons mit anfassen: ein zusätzliches Erlebnis. Die Heißluftballons starten bei wenig Wind und viel Aufwind; meistens im Sommer, Frühjahr und Herbst.

ZELTEN

85

Kategorie:

Schnappe Dir Dein Zelt und Deinen Jungen und verbringt eine Nacht oder auch zwei auf dem nächsten Campingplatz oder in der freien Natur (wo Zelten erlaubt ist). Abends gibt es am Lagerfeuer Abenteueressen und Gespenstergeschichten zu erzählen. Und am nächsten Tag kehren die Helden voller Geschichten über erlebte Abenteuer nach Hause zurück. Dieses Erlebnis eignet sich besonders für den Sommer.

FOSSILIENSUCHE

86

Kategorie: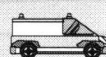

An Nord- und Ostsee, aber auch in Kieswerken kannst Du mit Deinem Sohn auf eine ganz besondere Schatzsuche gehen: Fossilien. Vor Jahrmillionen haben sich in vielen Teilen Deutschlands Sedimente abgesetzt und Versteinerungen gebildet. Tintenfische, Seeigel und Muscheln wurden so zu steinernen Zeitzeugen, die Du mit Deinem Sohn nicht nur an den Küsten der Meere, sondern auch in vielen Kieswerken finden kannst. Am besten fragst Du das nächste Kieswerk, ob ihr dort suchen dürft. Dieses Erlebnis ist zu jeder Jahreszeit möglich.

KINO-TAG

87

Kategorie:

Der Film-Geschmack in einer Familie kann variieren: Vater und Sohn haben oft die gleichen Vorlieben. Action, Science-Fiction, Abenteuer-Filme stehen häufig auf dem gemeinsamen Wunschzettel von Dir und Deinem Sohn. Die perfekte Gelegenheit, dieses Hobbys auszuüben, ist der gemeinsame Kinobesuch. Nehmt euch einen Kinotag pro Monat oder Quartal vor und erlebt die besondere Atmosphäre im Kinosaal. Dieses Erlebnis geht zu jeder Jahreszeit.

EIN INDIANERZELT BAUEN

88

Kategorie:

Indianer haben in Zelten, sogenannten Tipis gelebt. Ein solches Tipi besteht aus Holzstangen und Büffelfell. Für das Indianerzelt, das Du mit Deinem Sohn bauen kannst, reichen Äste und einige Kieferzweige aus. Aus den möglichst geraden Ästen errichtet ihr eine runde Hütte, indem ihr die Äste in der Mitte zusammenstellt. Die Äste werden nun mit Tannen- oder Kieferzweigen bedeckt und fertig ist der Unterschlupf für echte Indianer.

EINEN ZEHNKAMPF ABSOLVIEREN

89

Kategorie:

Der Zehnkampf ist eine traditionelle Sportdisziplin, die bereits in der Antike Teil der Olympischen Spiele war. Absolviert werden folgende Disziplinen: 100-Meter-Lauf, Weitsprung, Kugelstoßen, Hochsprung, 400-Meter-Lauf, 110-Meter-Hürden, Diskuswerfen, Stabhochsprung, Speerwurf und 1500-Meter-Lauf. Wenn einzelne Disziplinen wie Stabhochsprung aus technischen Gründen nicht möglich sind, lasst diese einfach weg oder denkt euch Alternativen aus. Der Zehnkampf lässt sich am besten vom Frühjahr bis zum Herbst durchführen.

AUTO-SKOOTER FAHREN

90

Kategorie:

Jeder Jahrmarkt, ob Frühjahr oder Herbst, der etwas auf sich hält, bietet Auto-Skooter an. Nimm Deinen Sohn und lasst die Wagen crashen. Ihr könnt zusammen in einem Auto oder getrennt fahren. Zeigt, was ihr drauf habt! Dieses Erlebnis könnt ihr perfekt mit Erlebnis 110 kombinieren.

AUF EINEM PFERD REITEN

91

Kategorie:

Zugegeben: Pferde reiten ist ein anspruchsvolles Erlebnis. Pferde- oder Pony-Reiten wird jedoch von vielen Bauernhöfen oder in Freizeitparks angeboten, ohne das Vorkenntnisse vorhanden sein müssen. Ihr könnt zusammen auf einem Pferd sitzen oder jeder für sich. Haltet euch gut fest und fallt nicht herunter.

EINEN MÄNNERABEND VERANSTALTEN

92

Kategorie:

Nehmt euch einen ganzen Abend Zeit nur für euch. Plant diesen Abend mit den Veranstaltungen, die ihr beide am liebsten mögt. Zum Beispiel einer Sportveranstaltung zusehen, ein Spiel spielen oder einen Filmabend auf dem Sofa verbringen. Einen Männerabend könnt ihr jeden Monat veranstalten und daraus eine echte Vater-Sohn-Tradition machen.

TRETBOOT FAHREN

93 Kategorie: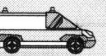

Auf vielen Seen ist es möglich, sich mit einem Ruderboot oder einem Tretboot auf dem Wasser zu bewegen. Legt euch eine Schwimmweste an und leiht euch ein solches Boot aus. Jetzt könnt ihr die Seemänner in euch zeigen. Probiert aus, wie schnell ein solches Boot fahren kann oder wie man damit am besten am Steg anlegt. Spaß ist auf jeden Fall vorprogrammiert.

DAS FRÜHSTÜCK FÜR DIE FAMILIE VORBEREITEN

94 Kategorie:

Verabredet euch zum Beispiel für den Sonntagmorgen und steht vor den anderen Familienmitgliedern auf. Zusammen bereitet ihr nun das Familien-Frühstück vor. Kocht Frühstückseier und holt frische Brötchen. Bereitet den Kaffee und den frischen O-Saft vor und deckt den Tisch. Das macht nicht nur euch Spaß, sondern erfreut die ganze Familie. Achtet dabei auf eine gesunde Ernährung.

INLINE-SKATER FAHREN

95

Kategorie:

Mit Inline-Skatern könnt ihr von Frühling bis in den Herbst hinein gemeinsam unterwegs sein. Am besten eignen sich hierfür asphaltierte Strecken wie zum Beispiel Radwege. Beim Inline-Skaten trainiert ihr nicht die Ausdauer und tut etwas Gutes für die Gesundheit: Ihr seid zusätzlich an der frischen Luft unterwegs.

EINEN SCHATZ VERSTECKEN

96

Kategorie:

Für den kleinen Bruder oder die kleine Schwester, einen Freund oder anderen Verwandten könnt ihr einen Schatz vergraben. Sucht euch dazu ein passendes Behältnis und füllt dieses mit kleinen Geschenken, Naschereien und mehr. Dann versteckt ihr es unter der Erde, in einem Baumloch oder einer anderen passende Stelle. Dieses Erlebnis könnt ihr gut mit Erlebnis 97 kombinieren.

EINE SCHATZKARTE MALEN

97

Kategorie:

Wenn ihr nach Erlebnis 96 einen Schatz versteckt habt, könnt ihr nun die passende Karte dazu malen. Zeichnet wichtige Einzelheiten des Ortes und der Umgebung auf, an der ihr den Schatz versteckt habt. Dort, wo der Schatz versteckt ist, zeichnet ihr ein dickes Kreuz. Den Rand der Karte könnt ihr nun mit der Hilfe einer Kerze etwas anbrennen oder ankokeln, damit die Karte echt aussieht.

FENSTERBILDER MALEN

98

Kategorie:

Schöne Fensterbilder schmücken das Kinderzimmer und das ganze Haus. Wählt dazu passende Motive, die der Jahreszeit entsprechen oder mit anstehenden Ereignissen in Verbindung stehen. Wichtig ist, dass ihr das richtige Material verwendet.

ETWAS ESSEN, WAS MAN NICHT MAG

99

Kategorie:

Zum Leben gehört Überwindung und Selbstbeherrschung dazu. Wenn man so etwas gemeinsam macht, fällt es viel leichter. Zum Beispiel bewusst etwas essen, was man nicht mag oder noch nicht kennt. Das müssen ja nicht gleich Regenwürmer oder Raupen sein. Einigt euch auf eine Speise, die ihr nicht mögt oder nicht kennt und überwindet eure Abneigung gemeinsam.

CABRIO FAHREN

100

Kategorie: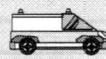

Im Sommer leiht ihr euch ein Cabrio und fahrt "oben ohne" durch die Stadt und das Land. Genießt die Sonne auf eurer Haut und den Wind in den Haaren. Cabrio fahren ist ein besonderes Gefühl der Freiheit und des Abenteuers. Gemeinsam wird es zum unvergesslichen Erlebnis. Cabrio fahren macht am meisten bei warmen und trockenen Wetter Spaß. Achtet dennoch auf eine angemessene Kleidung.

AM STRAND LIEGEN

101 Kategorie:

Wenn im Sommer die Sonne vom Himmel strahlt und es nahezu windstill ist, ist es die perfekte Zeit für einen Strandtag. Zum Beispiel am Baggersee in der Nähe oder an Nord- und Ostsee. Ihr braucht nur eine Decke, Handtücher, Sonnenschutz und Verpflegung. Fertig ist das Strandgepäck. Verbringt den ganzen Tag am Strand mit Schwimmen, Reden, Spielen, Sonnen und Ausruhen. Unter den Erlebnissen findet ihr weitere Möglichkeiten, um den Strandtag zu gestalten.

EIN NEUES SMARTPHONE EINRICHTEN

102 Kategorie:

Wenn Du oder Dein Sohn ein neues Smartphone bekommst, könnt ihr es zusammen einrichten. Dabei ergänzt ihr euch mit eurem Wissen gegenseitig. Überspielt zum Beispiel die Kontakte vom alten auf das neue Handy, ladet Apps herunter und designt die Oberfläche des Smartphones.

EINE HOLZFIGUR SCHNITZEN

103

Kategorie:

Schnitzen kann jeder lernen. Du benötigst dazu weiches Holz. Kiefernholz oder Linde sind beispielsweise klassische Holzarten zum Schnitzen. Das Holz sollte trocken sein, damit es später nicht reißt. Achtung mit den scharfen Messern: Immer vom Körper weg schnitzen. Lasst euch beim Schnitzen von Michel inspirieren, dem frechen Jungen aus den Büchern von Astrid Lindgren.

FEIN ESSEN GEHEN

104

Kategorie:

Vater und Sohn gehen heute Abend essen. So könnte das Motto für dieses Erlebnis lauten. Dazu kleidet ihr euch besonders fein, vielleicht mit einem Hemd und einer Krawatte? Sucht euch ein besonders schönes Restaurant aus und genießt den Abend mit eurem Lieblingsessen.

EINEN VATER-SOHN-FEIERTAG GRÜNDEN

105

Kategorie:

Es gibt bereits den Vatertag und den Kindertag. Aber einen Vater-Sohn-Feiertag gibt es noch nicht. Höchste Zeit, einen solchen zu gründen und damit eine Tradition einzuleiten. Bestimmt einen Tag als Vater-Sohn-Feiertag und unternehmt an diesem Tag besonders viel zusammen. Zum Beispiel einige von den Erlebnissen, die hier aufgeführt sind.

EINE FAMILIENCHRONIK SCHREIBEN

106

Kategorie:

Werde zusammen mit Deinem Sohn zum Familienforscher. Sucht gemeinsam alle Dokumente, Urkunden und Bilder zusammen, die ihr von euren Ahnen besitzt. Erstellt daraus einen Stammbaum und schreibt eine Familienchronik. Dazu könnt ihr natürlich alle Verwandte befragen und das Ergebnis anschließend im Kreise der Familie vortragen.

EIN FOTOBUCH ANFERTIGEN

107

Kategorie:

Habt ihr von einem oder mehreren Erlebnissen viele schöne Fotos gemacht? Dann bastelt daraus doch ein tolles Fotobuch. Dazu stehen euch verschiedene Apps zur Verfügung. Ihr sucht die schönsten Fotos aus, bringt sie in die richtige Reihenfolge und schreibt kurze Überschriften dazu. Dann alles mit der App bearbeiten und ausdrucken lassen. Fertig ist das Fotobuch.

EINE NACHT DURCHMACHEN

108

Kategorie:

Für dieses Erlebnis eignen sich der Freitag oder der Samstag oder ein Tag sehr gut, auf den ein freier Tag folgt, an dem ihr ausschlafen könnt. Denn bei diesem Erlebnis sollt ihr die ganze Nacht durchmachen, das heißt, kein Auge zu tun. Bis Mitternacht fällt dies sicher sehr leicht. Danach gilt es, mit einem guten Programm die Zeit zu bewältigen. Und wenn die Sonne aufgeht, geht ihr ins Bett und schlaft euch richtig aus.

EIN MODELLAUTO ZUSAMMENBAUEN

109

Kategorie:

Statt einem Auto könnt ihr auch andere Modellvarianten wie Schiffe und Gebäude zusammenbauen. Folgt den Anweisungen beim Spiel und erstellt ein täuschend echtes Miniaturexemplar von Fahrzeugen und Bauwerken.

EINEN JAHRMARKT BESUCHEN

110

Kategorie:

Im Frühjahr und im Herbst sind die klassischen Jahreszeiten für Jahrmärkte. Wenn die Buden auf dem Marktplatz aufgestellt werden, herrscht ausgelassene Stimmung. Fahrbetriebe, Bälle werfen, Losbuden, Karussells und Zuckerwatte locken zum Besuch eines Jahrmarkts. Macht daraus ein tolles Vater-Sohn-Erlebnis.

EINEN WEIHNACHTSMARKT BESUCHEN

111

Kategorie:

Zur Adventszeit öffnen in vielen Städten und Gemeinden Weihnachtsmärkte. Lasst euch von der feierlichen Stimmung und den Gerüchen von gebrannten Mandeln, Glühwein und Weihrauch anstecken. Auf einem Weihnachtsmarkt gibt es viel zu entdecken: handgemachte Spielzeuge und Kleidung zum Beispiel.

EINEN NISTKASTEN FÜR VÖGEL BAUEN

112

Kategorie:

Baue mit Deinem Sohn einen Nistkasten für Gartenvögel. Einen Bauplan findet ihr zum Beispiel im Internet. Wichtig ist die Größe des Einfluglochs. Im Übrigen benötigt ihr für den Bau des Nistkastens nicht viele handwerkliche Fähigkeiten und Materialien. Den fertigen Nistkasten befestigt ihr an einem geeigneten Baum oder an passender Stelle auf der Terrasse.

EINEN REGENBOGEN FANGEN

113

Kategorie:

Es ist der Wunsch vieler Menschen zu erfahren, was sich am Ende des Regenbogens befindet. Wenn ihr das nächste Mal einen Regenbogen seht, schnappt euch Fahrrad oder Auto und fahrt zum Ende des Regenbogens. Vielleicht könnt ihr es sogar fangen oder etwas Tolles entdecken.

REGENWÜRMER SUCHEN

114

Kategorie:

Regenwürmer sind wertvolle Helfer im Garten. Ihr findet sie bereits kurz unter der Oberfläche. Sie sind interessante Tiere. Durchsuche mit Deinem Sohn vorsichtig die oberste Schicht des Blumen- oder Gemüsebeetes nach Regenwürmer. Habt ihr einen gefunden, schaut ihn euch sorgfältig an und setzt ihn hernach zurück in die Erde.

EIN FAMILIENDUELL VERANSTALTEN

115

Kategorie:

Bilde mit Deinem Sohn ein Team und fordert die anderen Familienmitglieder zum Duell heraus. Die Aufgaben können vielfältiger Natur sein: Zum Beispiel Geschicklichkeits- und Sportspiele oder das Beantworten von Wissensfragen. Eurer Fantasie sind keine Grenzen gesetzt. Ein Familienduell kann einmalig oder regelmäßig veranstaltet werden.

EINE MURMELBAHN BAUEN

116

Kategorie:

Die kleinen bunten Glaskugeln kennt jeder. Baue zusammen mit Deinem Sohn eine Bahn für die Murmeln. Das könnt ihr zum Beispiel einfach auf der Erde machen. Oder im Kinderzimmer, in dem ihr anderes Spielzeug, Tisch, Stühle und Fußboden nutzt. Anschließend veranstaltet ihr auf der Murmelbahn ein Rennen. Gewonnen hat der, dessen Murmel als Ziel zuerst erreicht.

EINE MODELLEISENBAHN AUFBAUEN

117

Kategorie: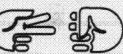

Eine Modelleisenbahn ist nicht nur die Nachbildung einer Eisenbahn. Imitiert werden ganze Landschaften, manchmal originalgetreu nachgebaut, manchmal ausgedacht. Baut Wälder, Häuser, Städte, Tunnel und Brücken und lasst die Modelleisenbahn ihre Runden drehen. Dieses Erlebnis kann ständig ausgebaut und erneuert werden.

DAS BADEZIMMER REINIGEN

118

Kategorie:

Hausarbeit geht alle an. Zusammen macht sie sogar Spaß. Schnappt euch Putzmittel und Lappen und macht zusammen zum Beispiel das Badezimmer sauber. Überlegt euch, wie ihr dabei vorgehen wollt, wer welche Aufgaben übernimmt und was es dabei zu beachten gibt.

EIN SANDSCHLOSS BAUEN

119

Kategorie:

Erinnert ihr euch noch an Erlebnis 14? Wenn ihr zusammen am Strand seid, ist ein cooler Zeitvertreib das Bauen einer Sandburg oder eines Sandschlosses. Alle Materialien, die ihr dazu benötigt, sind bereits vor Ort: Sand und Wasser. Feuchtet den Sand leicht an, dann lässt er sich besser in Form bringen. Beeindruckt alle anderen Strandbesucher mit eurer kreativen Sandburg.

EINE SCHALE ODER EINE VASE TÖPFERN

120

Kategorie:

Um zu töpfern benötigt ihr nicht zwingend eine Töpferscheibe. Wichtig ist das Material Ton sowie ein Backofen, in dem ihr später eure Kreation härten könnt. Überlegt gemeinsam, was ihr töpfern möchtet. Klassische Töpferprodukte sind Schalen und Vasen.

EIN AUTO KAUFEN

121

Kategorie:

Wenn der Kauf eines neuen Fahrzeugs ansteht, nimm Deinen Sohn mit. Zeige ihm, was beim Kauf eines Autos oder eines Fahrrads wichtig ist. Vielleicht kann seine Sichtweise dich bei der Kaufentscheidung inspirieren. Auf jeden Fall wird Dein Sohn später das gemeinsam ausgesuchte Auto mit ganz anderen Augen betrachten.

MINIGOLF SPIELEN

122

Kategorie:

An vielen Orten gibt es Minigolfbahnen. Ganz klassisch besteht sie aus 18 Bahnen. Es gilt, den Golfball mit möglichst wenig Schlägen in das Loch zu putten. Mit Golfschläger und Golfball ausgerüstet geht es auf die Minigolfbahn. Die liebevoll gestalteten Aufgaben bieten zusätzliche Reize.

BILLARD SPIELEN

123 Kategorie: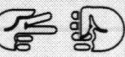

Die Möglichkeit, Billard zu spielen, ist in den meisten größeren Orten gegeben. Billard bietet viele Spielvarianten: Pool, Snooker usw. Das Spiel erfordert einen guten Blick für Winkel und Effekte. Es fördert die Koordination von Auge und Arm und fordert den Verstand.

EINE SAMMLUNG AUFBAUEN

124 Kategorie:

Ein Erlebnis, das euch das ganze Leben begleiten kann, ist der Aufbau einer eigenen Sammlung. Der Inhalt der Sammlung kann unterschiedlich sein: Briefmarken, Plüschtiere, Münzen, Videospiele, DVDs und viele andere Dinge mehr lassen sich sammeln. Die Hauptsache ist, dass ihr beide Spaß daran habt. Vervollständigt eure Sammlung mit der Zeit.

IN EINEM CAFÉ SITZEN UND LEUTE BEOBACHTEN

125

Kategorie:

Für viele Menschen gibt es nichts Interessanteres, als anderen Menschen zu beobachten. Ganz gemütlich lässt sich dieser Zeitvertreib von einem Café aus erledigen. Beobachtet die vorbeigehenden Menschen oder die Leute, die mit euch im Café sitzen. Denkt euch aus, was sie gerade machen oder welche Geschichte sie haben.

PILZE SAMMELN GEHEN

126

Kategorie: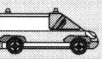

Vorwiegend im Herbst ist die Zeit, um im Wald Pilze sammeln zu gehen. Dazu solltet ihr euch richtig gut mit Pilzen auskennen. Wenn ihr euch nicht sicher seid, lasst euch besser beraten. Mit den gesammelten Pilzen bereichert ihr das Mittag- oder Abendessen der Familie, denn die meisten Pilze sind sehr gesund. Auch wenn ihr keine Pilze findet, habt ihr einen schönen Tag in der Natur verbracht.

WILDBLUMEN SÄEN ODER PFLANZEN

127

Kategorie:

Immer mehr Lebensräume für Insekten gehen auf der Welt verloren. Dabei benötigen wir diese Tiere wie Bienen, damit die Vielfalt in der Natur erhalten bleibt. Setzt diesem Trend ein Ende und sät und pflanzt Wildblumen auf dem Balkon oder im Garten. Samenmischungen bekommt ihr zu einem kleinen Preis im Baumarkt oder im nächsten Gartencenter.

DAS KINDERZIMMER AUFRÄUMEN

128

Kategorie:

Das unordentliche Kinderzimmer ist in vielen Familien ein Reizthema. Gehe diese Aufgabe offensiv an und helfe Deinem Sohn dabei, sein Zimmer in Ordnung zu halten. Statt ihn mit der Aufgabe alleine zu betrauen, nimm Dir die Zeit und erledigt das Aufräumen des Kinderzimmers zusammen. Zeige dabei Deinem Sohn, worauf es beim Ordnung halten ankommt und wie man es am besten macht.

EINE GEISTERBAHN BESUCHEN

129

Kategorie:

Erinnerst Du Dich noch an Erlebnis 110? Besuche mit Deinem Sohn auf dem Jahrmarkt eine Geisterbahn. Lasst euch von Gespenstern, Hexen und anderen Schreckensgestalten ordentlich Angst einjagen. Erzählt euch danach, was euch am meisten Angst gemacht hat.

IM KORALLENRIFF TAUCHEN

130

Kategorie: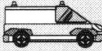

Im Urlaub oder in der Schwimmhalle gibt es die Möglichkeit zu tauchen. Ob mit Tauchanzug und Sauerstoffflasche, mit Schnorchel oder ganz ohne Ausrüstung hängt von den Gegebenheiten vor Ort ab. Tauche mit Deinem Sohn unter Wasser ab und erfahrt die einzigartige Atmosphäre, die euch hier erwartet. Ein unvergessliches Abenteuer.

MIT DEM FALLSCHIRM SPRINGEN

131

Kategorie:

Ein besonderes Abenteuer mit einem hohen Adrenalin-Faktor ist das Fallschirmspringen. Dazu begebt ihr euch mit dem Flugzeug hoch in die Luft. Ausgerüstet mit einem Fallschirm springt ihr aus dem Flugzeug. Viele Anbieter haben Tandemsprünge in ihrem Programm. Auf diese Weise könnt ihr zusammen oder als Tandempartner mit einem erfahrenen Springer dieses Erlebnis genießen.

SICH IM SAND EINGRABEN LASSEN

132

Kategorie:

Sich im Sand eingraben lassen, passt perfekt zum Erlebnis 14. Lasst euch abwechselnd von dem anderen bis auf dem Kopf im Sand eingraben. Ganz sanft umschließt euch der warme Sand dabei und schenkt euch ein geborgenes Gefühl. Den Sand am Körper könnt ihr sofort beim Baden wieder loswerden.

PRALINEN SELBER MACHEN

133

Kategorie:

Schokolade naschen mögen die meisten Menschen. Ein schönes gemeinsames Erlebnis von Vater und Sohn ist das Praline-Selber-Machen. Dazu benötigt ihr nur eine Form, flüssige Schokolade und Zutaten wie Nüsse oder Ähnliches. Plant und gestaltet das Aussehen und den Inhalt eurer selbst gemachten Praline und überrascht Familie und Freunde mit der selbst gemachten Kreation.

EIN BUCH BESPRECHEN

134

Kategorie:

Mit diesem Erlebnis ist nicht gemeint, dass ihr auf ein Buch einredet. Mit Besprechung ist die Rezension eines Buches beschrieben. Zunächst lest ihr gemeinsam das Buch und anschließend formuliert ihr, was euch daran gefallen hat oder was ihr nicht so gelungen fandet. Eure Rezension oder Besprechung könnt ihr sogar im Internet veröffentlichen und damit anderen Leserinnen und Lesern einen Tipp geben.

EINE KETTE ODER EIN ARMBAND BASTELN

135

Kategorie:

Eine Kette oder ein Armband kann man selber tragen oder verschenken. So ein Schmuckstück muss man nicht immer kaufen. Selbstgebastelt wird daraus etwas ganz individuelles, was niemand anderes auf der Welt hat: ein Unikat. Als Material kommen zum Beispiel Lederschnüre, Perlen, Holz und vieles andere in Betracht. Lasst eurer Fantasie freien Lauf und werdet zum Schmuckdesigner.

GEMEINSAM ZUM FRISEUR GEHEN

136

Kategorie:

Plant euren nächsten Friseurbesuch gemeinsam. Hier könnt ihr euch die Wartezeit vertreiben und euch den gleichen Haarschnitt verpassen lassen. Auf diese Weise kann jeder auf den ersten Blick erkennen, dass ihr beide zusammengehört.

ABFALL ENTSORGEN

137

Kategorie:

Mit diesem Erlebnis ist nicht gemeint, dass ihr zusammen den Müll raus bringen sollt. Unter Abfall verstehen wir hier besonderen Müll wie zum Beispiel Sperrmüll, alte Elektrogeräte. Diese gehören nicht in den normalen Haushaltsmüll. Bei einigen Abfallentsorgern könnt ihr diesen Sondermüll direkt auf dem Abfallhof entsorgen. Erledigt diese Aufgabe gemeinsam.

EINEN ZAUN STREICHEN

138

Kategorie:

Wird euer Grundstück oder das von den Großeltern von einem Zaun umschlossen? Wenn ja, muss dieser regelmäßig gepflegt und neu gestrichen werden. Beim Zaunstreichen kann man eine Menge erleben. Häufig wird man von vorbeigehenden Menschen angesprochen. Erledigt diese wichtige Aufgabe zusammen. Dann dauert sie nicht so lange und ihr habt jede Menge Spaß dabei.

OBSTCHIPS SELBST ZUBEREITEN

139

Kategorie:

Chips aus Obst und Gemüse liegen voll im Trend und sind eine gesunde Nascherei. Du kannst sie mit Deinem Sohn einfach zubereiten. Wählt das gewünschte Obst und Gemüse aus und schneidet es in dünne Scheiben. Diese legt ihr einfach auf das Backblech. Beim Chips-Machen geht es darum, die Flüssigkeit aus den Früchten zu entfernen. Eine leckere, gesunde, selbst gemachte Nascherei. Mehr Infos dazu gibt es unter https://www.gekonntgekocht. de/rezept/selbstgemachte-obst-chips/.

EINEN ZAUBERTRICK LERNEN

140

Kategorie:

Zauberer begeistern mit ihren Tricks seit vielen Jahrhunderten. Lernt zusammen einen tollen Zaubertrick und begeistert damit auf der nächsten Geburtstags- und Familienfeier. Ihr könnt einen gemeinsamen Zaubertrick oder verschiedene Zaubertricks erlernen und euer Repertoire nach und nach ergänzen.

EIN VATER-SOHN-TAGEBUCH SCHREIBEN

141

Kategorie:

Führt über eure Vater-Sohn-Erlebnisse ein eigenes Tagebuch. Auf diese Weise könnt ihr die Erlebnisse noch einmal erleben: wenn ihr sie im Anschluss in dieses besondere Tagebuch eintragt. Zugleich ist das Vater-Sohn-Tagebuch eine tolle Erinnerung, die Du den Kindern Deines Sohnes zeigen kannst.

REGENWASSER SAMMELN

142

Kategorie:

Das Klima auf der Welt ändert sich. In Zukunft wird Wasser besonders wertvoll und wichtig. Deshalb muss man bereits jetzt beginnen, den Verbrauch einzuschränken. Zum Beispiel, indem man seine Pflanzen im Garten und in der Wohnung mit Regenwasser gießt. Das mögen die Pflanzen und Blumen besonders gern. Außerdem schont ihr damit Wasserkosten. Regenwasser könnt ihr auf vielerlei Weise auffangen. Zum Beispiel in einer besonderen Tonne oder im Eimer. Schützt die Umwelt, spart Geld und erlebt etwas gemeinsam.

WILDVÖGEL ZÄHLEN

143

Kategorie:

Bei der Stunde der Gartenvögel kann jeder mitmachen. Dazu werden zu einer bestimmten Zeit die Arten und die Anzahl der Vögel erfasst, die in eurem Garten oder einem Park zu sehen sind. Diese Angaben werden gesammelt und ausgewertet. Auf diese Weise kann man schlussfolgern, wie sich die Zahl der Vögel entwickelt. Weitere Informationen findet ihr unter nabu.de.

IM WATTENMEER SPAZIEREN

144

Kategorie:

Das Wattenmeer ist ein Bereich in der Nordsee, das man bei Ebbe betreten kann. Es handelt sich um eine einzigartige Landschaft mit einem besonderen Tierbestand wie Muscheln, Krebsen und natürlich Wattwürmern. Hier gibt es geführte Wattwanderungen, die auch die erforderliche Sicherheit bieten.

DAS ECHO SUCHEN

145   **Kategorie:**

In bestimmten Berglagen kannst Du zusammen mit Deinem Sohn das Echo suchen und finden. Es handelt sich um einen Widerhall von Tönen. Habt ihr das Echo gefunden, könnt ihr es ausprobieren. Zum Beispiel durch Rufen oder lautes Singen.

SKAT SPIELEN LERNEN

146   **Kategorie:**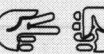

Skat ist ein beliebtes Kartenspiel. Es wird zu dritt gespielt. Habt ihr keinen dritten Spieler, könnt ihr alternativ auch Offiziersskat spielen. Beim Skat geht es um Reizen und darum, sich zu merken, welche Karten noch im Spiel sind. Es gibt regelrechte Turniere, an denen ihr gemeinsam teilnehmen könnt.

EIN HAUSTIER EINGEWÖHNEN

147

Kategorie:

Vielleicht habt planst Du und Deine Familie, einem Tier ein Zuhause zu geben. Wenn ja, bereite mit Deinem Sohn alles für den Empfang des Tieres vor. Braucht es ein Haus oder einen Stall? Was frisst das Tier und wo erledigt es sein Geschäft. Welche Pflichten sind zu erledigen und wer macht es? Erstellt zusammen Pläne und teilt euch die Arbeit.

EINE GEBURTSTAGSFEIER ORGANISIEREN

148

Kategorie:

Ganz gleich, ob es sich um den Geburtstag von Deinem Sohn, um Deinen oder einen anderen Familien-Geburtstag handelt: Setzt euch zusammen und organisiert diesen Geburtstag. Welche Gäste werden eingeladen, was für ein Programm soll es geben und natürlich: Wie sieht es mit der Verpflegung aus. Gebraucht wird eine Geburtstagstorte, Kuchen und passende Getränke. Gemeinsam plant es sich leichter.

FREIWILLIGE FEUERWEHR

149

Kategorie:

Gibt es in eurem Ort eine Freiwillige Feuerwehr? Oder THW oder eine andere Hilfsorganisation? Seht euch gemeinsam deren Aufgaben und Programm an und lasst euch informieren. Vielleicht bekommt ihr Lust, diesen ehrenamtlichen Organisationen zu helfen und etwas Gutes zu tun.

MÖBEL RESTAURIEREN

150

Kategorie:

Auf dem Dachboden oder auf einem Flohmarkt kann man häufig alte, gebrauchte Möbel finden, die noch zu benutzen sind. Sie sehen nur nicht mehr so hübsch aus. In einem solchen Fall könnt ihr ein Möbelstück restaurieren. Schleift alten Lack ab, bessert schadhafte Stellen aus und malt das Möbel neu an. Und schon sieht es wie neu aus und wird zum Blickfang in der Wohnung.

HEILPFLANZEN SAMMELN

151

Kategorie:

Früher kannte man keine Tabletten. Dann haben kundige Männer und Frauen in der Natur Pflanzen gesammelt und diese zur Heilung von Krankheiten eingesetzt. Diese Überlieferung kann auch heute wertvoll sein. Macht einen Ausflug in die Natur und sammelt dabei Heilpflanzen. Manche müssen vor dem Gebrauch getrocknet oder weiter verarbeitet werden.

WÄSCHE WASCHEN

152

Kategorie:

Dieses Erlebnis hört sich auf den ersten Blick banal an. Aber leider wissen viele Söhne und Väter nicht, wie man richtig Kleidung wäscht. Lernt oder macht diese Hausarbeit zusammen. Zum Wäschewaschen gehört auch das Aufhängen der nassen Kleidung zum Trocknen sowie das Abhängen der getrockneten Wäsche und das Einräumen in den Kleiderschrank.

DAS AUTO WASCHEN

153

Kategorie:

Das Familienauto muss regelmäßig gewaschen werden. Dazu könnt ihr in die Waschstraße fahren oder selbst Hand anlegen. Zusammen macht das Auto säubern besonders viel Spaß. Zum Auto waschen gehört auch das Saugen des Innenraumes. Richtig glänzen wird der Lack, wenn ihr das Fahrzeug im Anschluss poliert.

EIN BÜCHERREGAL SELBER BAUEN

154

Kategorie:

Fehlt in der Wohnung noch ein Regal? Vielleicht sogar im Kinderzimmer? Dann baut es euch selbst. Viel Material ist dafür nicht erforderlich. Es braucht ein Holzbrett und geeignete Befestigung. Bei der Gestaltung könnt ihr kreativ sein. Zum Beispiel bei der Form- und Farbgebung.

BÄUME BESCHNEIDEN

155

Kategorie:

Zur Baumpflege gehört ein regelmäßiger Beschnitt. Je nach Baumart erfolgt dieser Baumschnitt im Frühjahr oder im Herbst. Dazu benötigt ihr meist nur eine einfache Gartenschere und bei größeren Aufgaben eine Astschere. Schneidet Jahrestriebe aus und gebt der Krone durch den Schnitt die gewünschte Form. Obstbäume bringen bei einem richtigen Schnitt eine größere Ernte.

EINEN SCHRANK ZUSAMMENBAUEN

156

Kategorie:

Viele Möbel, die man kauft, müssen im Anschluss noch zusammengebaut werden. Dazu gibt es gute und weniger gute Anleitungen. Bei größeren Möbeln wie Schränken und Betten sind hilfreiche Hände notwendig. Erledigt diese Aufgabe gemeinsam und unterstützt euch. Zu zweit macht das Möbel aufbauen doppelt so viel Spaß.

EINEN KISSENBEZUG BESTICKEN

157

Kategorie:

Sticken ist eine Handarbeit. Bei dieser Technik wird mit Nadel und Faden ein Bild auf einen Bezug, einen Stoff oder Kleidung "gemalt". Es gibt gestickte Gemälde, bestickte Kissenbezüge und gestickte Namen auf Kleidern. Welche Alternative ihr ausprobieren möchtet, bleibt euch überlassen. Sticken hat den Ruf, beruhigend zu wirken. Ein Tipp: Mithilfe bestimmter Apps könnt ihr eigene Fotos als Stickvorlage entwerfen.

AUF DEN MOND FLIEGEN

158

Kategorie: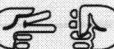

Mal ganz ehrlich: Keine Ahnung, ob und wann es möglich sein wird, als Privatperson auf den Mond zu fliegen. Trotzdem ist dieses Erlebnis bereits heute möglich. Verschiedene VR-Softwares bieten die Möglichkeit, mit der entsprechenden Ausrüstung an unterschiedliche Destinations zu gelangen. Und zwar täuschend echt, mit VR-Brille und VR-Sound.

ALS WEIHNACHTSMANN VERKLEIDEN

159

Kategorie:

Ob für jüngere Geschwister, die Kinder aus der Nachbarschaft oder andere Jungen und Mädchen: Das Verkleiden als Weihnachtsmann ist eine gute Tat. Ob zu zweit oder als gemeinsame Verschwörung: Über die Erlebnisse, die ihr als Weihnachtsmann erfahren werdet, sprecht ihr das ganze Leben lang.

EIN HILFSPAKET PACKEN

160

Kategorie:

Nicht alle Menschen verfügen über ausreichend Nahrung oder über Geld, um sich das Wichtigste zum Leben zu kaufen. Ihr könnt diesen Bedürftigen etwas Gutes tun, wenn ihr ein Hilfspaket für sie zusammenstellt. Am besten sind haltbare Lebensmittel und vielleicht auch eine kleine Nascherei. Verpackt das Hilfspaket ansprechend und überreicht es gemeinsam einer Hilfsorganisation oder direkt einem Bedürftigen.

EINE HÖHLE IM KINDERZIMMER BAUEN

161

Kategorie: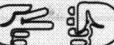

Eine Höhle passt in jedes Kinderzimmer. Sie ist einfach zu bauen. Es eignen sich Decken und große Pappkartons. Nutzt für den Höhlenbau vorhandene Möbel wie Stühle und Tische. Ist die Höhle fertiggestellt, muss sie natürlich von euch beiden ausprobiert werden.

SICH ÜBER EINEN FLUSS SCHWINGEN

162

Kategorie:

Befestigt an einem starken Ast, der über einen Fluss oder einen Bach reicht, ein Seil. Sichere das Seil ab, damit es nicht zu einem Unfall kommen kann. Jetzt schwingt ihr euch an dem Seil von einem Ufer an das andere. Und vielleicht wieder zurück. Ein toller Nervenkitzel.

MIT EINEM METALLDETEKTOR SCHÄTZE SUCHEN

163

Kategorie:

Kauft oder leiht euch einen Metalldetektor und geht damit auf Schatzsuche. Gute Chancen, etwas zu finden, bestehen zum Beispiel am Strand. Mit ein bisschen Glück findet ihr Münzen oder Schmuck oder einen alten Nagel. Ob und was man findet, ist die große Überraschung. Dabei geht es bei diesem Erlebnis weniger um den Fund als um das gemeinsame Erlebnis.

HERBSTDEKORATION BASTELN

164

Kategorie:

Wenn die Tage dunkler werden, wird es Zeit, den Hauseingang und den Vorgarten für den Herbst zu dekorieren. Als Dekoration eignen sich Kürbisse, Laternen, Pilze und viele andere Dinge, die für den Herbst typisch sind. Bei diesem Erlebnis lässt sich die gesamte Familie einbeziehen.

EINEN FREMDEN NACH DEM WEG FRAGEN

165 Kategorie:

Manchmal kostet es insbesondere dem männlichen Geschlecht Überwindung, jemanden anderes um Hilfe zu bitten. Eine gute Übung, um dieses absurde Hemmnis zu überwinden, ist es, einen fremden Menschen nach dem Weg zum Bahnhof oder zum Rathaus zu bitten. Dieses Erlebnis könnt ihr variieren und gemeinsam fragen oder getrennt.

AUF EINEM STEG SITZEN UND DIE BEINE INS WASSER BAUMELN LASSEN

166 Kategorie:

An einem See oder am Meer gibt es Holzstege, an denen in der Regel Boote befestigt werden. Setzt euch auf einen solchen Holzsteg und lasst von diesem die Beine in das Wasser baumeln. Entspannt euch und seid ganz im Jetzt und genießt diese ausgewöhnliche Position. Besonders magisch ist dabei die Zutat Wasser, die die Seele beruhigt und das Leben ordnet.

EINEN FLUG SIMULIEREN

167

Kategorie: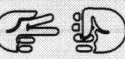

Ob am PC oder am Spiel-Automaten: Werde mit Deinem Sohn zum Piloten und simuliere einen Flug nach New York, Sydney oder London. Besonders spannend sind der Start und die Landung. Wirst Du es schaffen, ohne Unfall die Passagiere von A nach B zu transportieren?

ÜBER EINEN FLUSS SCHWIMMERN

168

Kategorie:

Es muss nicht zwingend ein Fluss sein. Möglich sind auch ein Bach oder ein kleiner See. Es geht bei diesem Erlebnis darum, ein Hindernis zu überwinden. Ihr solltet für dieses Erlebnis versierte Schwimmer sein. Ein warmer Tag eignet sich besonders gut.

EINEN KELLER ODER DACHBODEN AUFRÄUMEN

169

Kategorie:

Wenn Du keinen eigenen Keller oder Dachboden hast, frage doch bei Verwandten, Nachbarn und Bekannten, ob diese eine solche Räumlichkeit besitzen und Bedarf haben, dass er aufgeräumt wird. Beim Aufräumen lässt sich so manch interessanter Gegenstand finden. Vielleicht kannst Du oder der Besitzer zu diesem Gegenstand eine besondere Geschichte erzählen.

BLUMEN FOTOGRAFIEREN

170

Kategorie:

Dank der hochwertigen Kameras moderner Smartphones ist ein spezieller Fotoapparat für dieses Erlebnis nicht erforderlich. Dieses Erlebnis eignet sich besonders für das Frühjahr, den Sommer und den Herbst. Fotografiert die Blüten der schönsten Blumen. Sie bestechen durch Form und Farbe. Lasst euch begeistern und beobachtet auf den Fotos die kleinen Details der Blüten. Vielleicht gelingt euch der Schnappschuss einer Biene, die gerade diese Blüte besucht.

EIN GEDICHT SCHREIBEN

171

Kategorie:

Ein Gedicht sollte jeder Mensch einmal in seinem Leben geschrieben haben. Dabei geht es vornehmlich darum, einen bestimmten Sachverhalt, ein Gefühl oder eine Stimmung in eine lyrische Form zu bringen. Schaut euch zuvor an, welche Reimformen es gibt.

EINE MASCHINE ERFINDEN

172

Kategorie:

Bei diesem Erlebnis könnt ihr einmal Daniel Düsentrieb sein. Gibt es ein Problem oder eine Situation, die umständlich ist? Überlegt euch für diese Problematik eine Lösung durch eine neuartige Maschine. Werde zusammen mit Deinem Sohn zum Erfinder. Plant die Maschine fachmännisch durch Zeichnungen und überlegt, welche Materialien ihr für den Bau benötigt. Fahrt dann mit Erlebnis 173 fort.

EINE ERFUNDENE MASCHINE BAUEN

173

Kategorie:

Habt ihr in Erlebnis 172 eine neue Maschine erfunden und geplant? Dann macht euch jetzt an die Aufgabe, diese Maschine zu bauen. Kauft dazu die erforderlichen Materialien und Werkzeuge ein. Überlegt, welche Schritte zuerst zu erledigen sind und beginnt dann mit dem Bau der Maschine.

JEMANDEN LOBEN ODER EIN KOMPLIMENT MACHEN

174

Kategorie:

Achtsamkeit ist heute ein großes Thema. Dabei geht es darum, die Gefühlslage anderer Menschen zu sehen und zu erkennen. Nehmt euch vor, jemanden zu loben oder ihr oder ihm ein Kompliment zu machen. Das kann zum Beispiel die Mama sein. Überlegt, wofür ihr die Person loben und wie ihr das Kompliment äußern könnt.

EINEN KUCHEN BACKEN

175

Kategorie:

Habt ihr einen Lieblingskuchen? Nehmt euch vor, diesen Kuchen zu backen. Sucht die Zutaten heraus und geht einkaufen, wenn sie nicht vorrätig sind. Schaut euch das Rezept an und überlegt, wer welche Aufgabe erledigt. Wenn dieses Erlebnis gut gelingt, habt ihr am Ende die Belohnung selbst zubereitet.

EIN SPAßBAD BESUCHEN

176

Kategorie:

Nehmt euch einen ganzen Tag Zeit, um das nächstgelegene Spaßbad oder Schwimmbad zu besuchen. Entdeckt die vielen Möglichkeiten, die ein solches Bad bereit hält: Sauna, Tauchen, Wellen und vieles mehr.

IM CAFÉ FRÜHSTÜCKEN

177

Kategorie:

Ob im Urlaub, am Wochenende oder einfach mal so: Frühstücke mit Deinem Sohn in einem Café. Bestellt euch Brötchen, Müsli oder was ihr sonst gerne am Morgen verspeist. Frühstücken gehen erspart euch die Vorbereitung und das Aufräumen danach. Es ist eine gute Gelegenheit, um den Tag oder die nächsten Erlebnisse zu planen.

ACHTERBAHN FAHREN

178

Kategorie:

In jedem guten Erlebnispark ist die Achterbahn das Prunkstück der Anlage. Es kostet ein wenig Überwindung, wenn Du Dich mit Deinem Sohn zusammen hier hinunter traust. Das schlimmste Stück ist die Strecke den Anfahrtshügel hinauf. Obgleich es hier noch gemütlich zugeht, weißt Du genau, die Bahn ist nicht mehr aufzuhalten. Am Ende könnt Ihr stolz sein, die Fahrt geschafft zu haben und euch wie echte Helden fühlen.

EINEN TEXT ÜBERSETZEN

179

Kategorie:

Sucht euch einen beliebigen Text in einer Fremdsprache aus, den ihr gerne übersetzen möchtet. Das kann zum Beispiel die Aufbauanleitung des Schranks sein, die es auf Chinesisch gibt oder eine schöne Geschichte eines Dichters aus Italien.

ETWAS SPENDEN

180

Kategorie:

Nicht nur zu Weihnachten, sondern das ganze Jahr über ist es möglich, für eine gute Sache zu spenden. Zum Beispiel für den Schutz der Umwelt oder für Entwicklungshilfe in Afrika. Anlässe und Organisationen gibt es ausreichend. Setze Dich mit Deinem Sohn zusammen und überlegt gemeinsam, wem ihr wie viel spenden möchtet.

ZEIT IM ALTERSHEIM VERBRINGEN

181

Kategorie:

Ganz sicher gibt es bei euch in der Nähe ein Pflege- oder Altersheim. Fragt dort zunächst einmal nach, ob ihr dort helfen könnt. Zum Beispiel als Spielpartner für Brettspiele oder zum Ausführen von Menschen, die in der Mobilität eingeschränkt sind. Hier geht es darum, älteren und bedürftigen Menschen etwas Zeit und Aufmerksamkeit zu widmen.

BERLIN BESUCHEN

182

Kategorie:

Die Hauptstadt Berlin ist immer eine Reise wert. Alexanderplatz, Rotes Rathaus, Kaufhaus des Westens, Fernsehturm, Brandenburger Tor; die Liste der Sehenswürdigkeiten ließe sich noch viel länger ausführen. Ein Tag ist schnell ausgefüllt. Vielleicht lohnt sich sogar eine ganze Woche in der Hauptstadt.

KIRSCHEN ODER ANDERES OBST ERNTEN

183

Kategorie:

Kirschen, Äpfel, Birnen, Pflaumen sind nicht nur gesund, sondern auch sehr lecker. Habt ihr selbst einen Obstbaum im Garten, könnt ihr dort ernten. Manchmal finden sich Obstbäume auch an Wegen. Sofern diese nicht Privateigentum sind, könnt ihr die Früchte von diesen Bäumen ernten. Klettert dazu auf eine Leiter oder direkt in den Baum. Zum Ernten benötigt ihr nur noch einen Korb.

ETWAS EINWECKEN

184

Kategorie:

Was Dein Sohn und Du im Erlebnis 183 nicht sofort frisch aufesst, könnt ihr bei diesem Erlebnis verwerten. Obst ist wunderbar dazu geeignet, eingeweckt zu werden. Auf diese Weise wird es haltbar gemacht. Zum Einwecken gibt es verschiedene Rezepte. Fragt dazu doch Oma und Opa und ladet sie ein, euch beim Einwecken zu helfen.

FENSTER PUTZEN

185

Kategorie:

Auf den ersten Blick klingt es wenig verlockend, die Fenster zu putzen. Doch handelt es sich um ein Erlebnis, das Du gut mit Deinem Sohn absolvieren kannst. Und das Ergebnis ist sofort sichtbar. Darüber hinaus wird sich auch der Rest der Familie über dieses Vater-Sohn-Erlebnis freuen.

TIERE AUS KASTANIEN BASTELN

186

Kategorie:

Herbstzeit ist Bastelzeit. Und die Jahreszeit liefert die meisten Bastelmaterialien gleich mit. Zum Beispiel die rotbraunen, runden Kastanien. Ihr braucht sie einfach nur vom Boden auflesen. Ein kleiner Bohrer und Zahnstocher: Mehr benötigt ihr für dieses Erlebnis nicht. Aus den Kastanien lassen sich fast alle Tiere basteln. Nehmt euch vor, einen ganzen Zoo aus Kastanien-Tieren zu bevölkern.

EINEN VERBAND ANLEGEN

187

Kategorie:

Mit Erster Hilfe kann man sich nicht früh genug beschäftigen. Du kannst mit Deinem Sohn üben, wie man richtig einen Verband anlegt. Ihr könnt dazu beispielsweise einen alten abgelaufenen Verband aus dem Erste-Hilfe-Kasten im Auto verwenden. Zeige Deinem Sohn, worauf er achten muss, wenn er fachgerecht einen Verband anlegen möchte.

MARMELADE EINKOCHEN

188

Kategorie:

Früchte könnt ihr nicht nur wie in Erlebnis 184 einwecken, sondern zu Marmelade kochen. Je nach Menge der Süßungsmittel ist die selbst gemachte Marmelade eine tolle Zutat für das Frühstück. Gerade im Winter kann man mit der Marmelade den Sommer schmecken. Ihr benötigt zum Marmelade machen nicht viele Zutaten.

AUSGRABUNGEN UNTERNEHMEN

189

Kategorie:

Mit Spaten, Schaufel, Sieb und Pinsel begründet ihr eure Archäologie-Station. Auf diese Weise ausgestattet geht es an beliebiger Stelle zum Ausgraben. Vielleicht findet ihr eine Kostbarkeit oder einen Zeitzeugen in der Erde. Versucht zu ergründen, was ihr gefunden habt und aus welcher Zeit es stammen könnte.

FRÜHLINGSDEKORATION BASTELN

190

Kategorie:

Wenn nach einem langen Winter endlich die Frühlingssonne zum ersten Mal scheint, ist es höchste Zeit, Frühlingsdekoration zu basteln. Das könnt ihr wunderbar mit der Osterdeko verbinden. Frohe, bunte Farben eignen sich für die Dekoration zum Frühjahr am besten. Klassische Symbole für das Frühjahr sind der Osterhase und die ersten Frühlingsblumen.

EINE FREMDSPRACHE ERLERNEN

191

Kategorie:

Nehmt euch vor, eine neue Sprache zu erlernen. Zum Beispiel eine Sprache der Nachbarländer wie Polnisch, Holländisch, Französisch, Dänisch. Geeignete Kurse gibt es zum Beispiel in der Volkshochschule. Ihr könnt euch aber auch Sprachkurse zum Selber lernen besorgen.

EISBADEN

192

Kategorie:

Im Winter, besser noch im Frühjahr, startet das sogenannte Anbaden. Einige Vereine starten die Saison mit einem solchen Anbaden, das zu einem bestimmten Tag, unabhängig von der Wassertemperatur stattfindet. Nicht selten befinden sich noch Eisschollen auf dem Wasser. Es kostet einiges an Überwindung, in solch kaltes Wasser zu gehen.

EINEN WISSENSKARTEIKASTEN ANLEGEN

193

Kategorie:

Für dieses Erlebnis benötigt ihr einen Kasten, den ihr aus Pappe leicht selber basteln könnt, sowie eine Packung leere Karteikarten. Auf die Karteikarten schreibt ihr Stichworte, die ihr anschließend auf der gleichen Karte näher erläutert. Die Karteikarten sortiert ihr anschließend im Karton nach dem Alphabet. Auf diese Weise erhaltet ihr einen Wissenskasten.

RASEN MÄHEN

194

Kategorie:

Für einige Menschen ist Rasen mähen eine Wissenschaft. Rasen mähen kann auf vielerlei Weise erfolgen. Zum Beispiel mit einem Elektrorasenmäher. Zum Mähen einer Rasenfläche gehört aber auch, dass die Kanten abgeschnitten werden. Zusammen geht die Arbeit leichter von der Hand und am Ende könnt ihr das gelungene Werk bestaunen.

EINE ZEITKAPSEL VERGRABEN

195 Kategorie:

Bei diesem Erlebnis vergrabt ihr ein Behältnis. In dieses Behältnis steckt ihr Dinge, die als Zeitzeugen fungieren. Zum Beispiel eine Zeitung mit dem aktuellen Datum, ein Foto oder eine Münze. Merkt euch die Stelle, an der ihr die Kapsel vergraben habt. Vereinbart nun eine Zeit, nach der ihr die Kapsel wieder ausgraben und öffnen wollt. Zum Beispiel zehn Jahre.

BERLINER MAUER/ GRENZANLAGEN BESICHTIGEN

196 Kategorie:

Mehr als vier Jahrzehnte war Deutschland getrennt. Steinerne Zeugen dieser Zeit sind die Grenzanlagen wie die Berliner Mauer. Besucht zusammen ein solches Zeugnis und erkundigt euch über die Geschichte, die hinter der Trennung Deutschlands steckte. Wenn ihr die Berliner Mauer besichtigt, könnt ihr dieses Erlebnis gut mit dem Erlebnis 182 verbinden.

EINE WIEDERBELEBUNG ÜBEN

197

Kategorie:

Wer Erste Hilfe leisten kann, kann Leben retten. Das kann man nicht oft genug und nicht früh genug üben. Eine solche Übung ist anhand einer Menschenpuppe möglich. Zeig deinem Sohn, wo er die Herzmassage vornehmen muss und wie der Takt zwischen Herzmassage und Beatmung lautet.

EIN BASKETBALLTURNIER AUF DEM BOLZPLATZ AUSTRAGEN

198

Kategorie:

Auf jedem guten Bolzplatz ist ein Basketballkorb angebracht. Vielleicht habt ihr sogar eines zu Hause. Veranstaltet ein Basketball-Turnier. Jeder spielt gegen jeden. Schnell werden sich weitere Spieler finden. Wenn ihr vier Spieler seid, könnt ihr variieren und zwei gegen zwei spielen.

WEIHNACHTSDEKO BASTELN

199

Kategorie:

Ende November, kurz vor der Adventszeit werden der Garten und das Haus für das Weihnachtsfest geschmückt. Lichterketten gehören ebenso dazu wie Kugeln und Kerzen. Zeigt, wie sehr ihr euch auf das Weihnachtsfest freut und gestaltet Haus und Grundstück festlich. In die Fenster können Fensterbilder, Schwippbögen und Kerzen gestellt werden.

AUF EINEN KIRCHTURM KLETTERN

200

Kategorie:

Größere Kirchen bieten die Möglichkeit, den Kirchturm hinauf zu klettern. Dazu führt meist eine Treppe im Innern des Turms nach oben. Von der Kirchturmspitze bekommt ihr zur Belohnung einen wundervollen Ausblick auf die Stadt und das Land ringsum. Achtet darauf, dass ihr nicht gerade dann den Kirchturm aufsteigt, wenn die Kirchenglocken zu läuten beginnen.

IN EINEM INDOOR-SPIELPLATZ SPIELEN

201

Kategorie:

Bei schlechtem Wetter müsst ihr auf das Spielen nicht verzichten. Auch in eurer Region wird es in der Nähe einen Indoor-Spielplatz geben. Hier bieten sich tolle Spielmöglichkeiten. Angefangen vom Fußball über Klettern bis zu Rutschen gibt es zahlreiche Varianten, um viel Spaß zu haben.

VÖLKERBALL SPIELEN

202

Kategorie:

Völkerball wird ein Spiel genannt, bei dem es darum geht, die Spieler der anderen Partei mit einem Ball abzuwerfen. Der abgeworfene Spieler ist aus dem Spiel. Spielt Völkerball zum Beispiel auf dem nächsten Bolzplatz. Schnell werden sich andere Mitspieler finden und ihr könnt ein richtiges Turnier organisieren.

EINEN FISCH MIT DER HAND FANGEN

203

Kategorie:

An einem Fluss oder besser noch an einem Bach begebt ihr euch an eine flache Stelle. Dort wartet ihr mit der Hand im Wasser, bis sich ein Fisch an den Ort traut. Wenn der Fisch durch eure Hand schwimmt, greift vorsichtig, aber blitzschnell zu. Bitte lasst den Fisch wieder frei, wenn ihr ihn gefangen habt.

EIN TIERHEIM BESUCHEN

204

Kategorie:

In jeder größeren Stadt gibt es ein Tierheim. Hier werden Tiere versorgt, die ausgesetzt wurden oder kein Zuhause mehr haben. Fragt nach, ob ihr Aufgaben im Heim übernehmen könnt. Zum Beispiel mit den Hunden Gassi gehen oder Tiere streicheln, die etwas Liebe brauchen. Vielleicht macht euch dieses Erlebnis so viel Spaß, dass ihr regelmäßig im Tierheim helfen geht.

EINEN NACHTSPAZIERGANG IM WALD UNTERNEHMEN

205

Kategorie:

Ausgerüstet mit einer Taschenlampe und passender Kleidung unternimmst Du mit Deinem Sohn einen Nachtspaziergang im Wald. Hier ist es besonders dunkel und der Gruselfaktor wird durch die Bäume, die schwankenden Äste und Zweige und den Wind, der durch die Blätter rauscht, noch vergrößert. Aber zusammen werdet ihr dieses Abenteuer bestehen und davon stolz berichten.

DAS GEBURTSHAUS DER GROSSELTERN BESUCHEN

206

Kategorie:

Viele Familien wurden während des Zweiten Weltkrieges vertrieben. Fragt die Großeltern oder Urgroßeltern, wo sie aufgewachsen sind und wo ihr Geburtsort ist. Plant und unternehmt eine Reise an diesen Ort. Vielleicht kommen die Groß- oder Urgroßeltern sogar mit. Lasst euch von ihnen Geschichten aus der Vergangenheit erzählen.

BEI EINER DEMONSTRATION MITMACHEN

207

Kategorie:

Menschen schließen sich zusammen und machen auf eine Sache durch eine Demonstration aufmerksam. Zum Beispiel bei Fridays for Future. Informiert euch, wann die nächste Demonstration für eine gute Sache bei euch in der Nähe stattfindet. Nehmt an dieser Demonstration teil und zeigt der Welt, welche Meinung ihr habt.

EINEN WEIHNACHTSBAUM ORGANISIEREN

208

Kategorie:

Zuerst müsst ihr euch entscheiden, ob ihr einen echten Weihnachtsbaum möchtet oder einen künstlichen. Habt ihr euch für einen echten Weihnachtsbaum entschieden, habt ihr die Wahl, einen Weihnachtsbaum im Wald selbst zu schlagen oder ihn bei einem Gartencenter oder einem Stand zu kaufen. Selber schlagen macht natürlich am meisten Spaß. Sucht euch den schönsten Baum aus oder gebt dem hässlichsten Baum eine Chance.

ZIEL-BALLWURF SPIELEN

209

Kategorie:

Baut euch ein Ziel aus Papier, Pappe oder Holz. Damit könnt ihr auf den Bolzplatz oder in den Garten gehen. Weiterhin benötigst Du drei Bälle. Mit diesen Bällen werft ihr auf das Ziel und versucht, möglichst genau zu treffen. Wer das am besten kann, der hat dieses Spiel gewonnen.

EINE RAUPE BEIM VERPUPPEN ZUSEHEN

210

Kategorie:

Aus hässlichen Raupen werden schöne Schmetterlinge. Ihr könnt die Verwandlung einer solchen Raupe in einen Schmetterling im eigenen Terrarium beobachten. Achtet darauf, dass ihr die Raupe mit den richtigen Blättern füttert. Und in einer Nacht erfolgt die zauberhafte Verwandlung. Dokumentiert die Verwandlung in einem Tagebuch und macht dazu viele Fotos.

SCHACHFIGUREN DRECHSELN

211

Kategorie:

Mit einer kleinen Bohrmaschine und ein wenig Werkzeug kannst Du Dir eine Drechselbank bauen. Auf einem solchen Gerät kannst Du mit Deinem Sohn geeignetes Holz bearbeiten. Während sich das Werkstück dreht, formst Du und Dein Sohn es mit Beiteln. Ihr könnt Schalen, Kugeln, Kerzenständer oder Schachfiguren drechseln.

EIN PUPPENHAUS BASTELN

212

Kategorie:

Vielleicht hast Du noch eine kleine Tochter? Oder Dein Sohn hat Spielzeugfiguren. Bei diesem Erlebnis baut ihr der kleinen Tochter/Schwester oder den Spielzeugfiguren ein Haus. Dazu benötigt ihr nicht viel Material. Ein wenig Pappe, alte Tapetenreste, Klebe und Farbe reichen für das Gerüst und die Wände aus. Möbel und weitere Gegenstände bastelt ihr ebenfalls aus Holz, Pappe und Papier.

SCHACHAUFGABEN LÖSEN

213

Kategorie: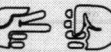

Schach kann man nicht nur gegeneinander spielen. Du kannst bei diesem Königsspiel auch Aufgaben mit Deinem Sohn lösen. Die meisten Aufgaben bieten ein bestimmte Spielsituation, verbunden mit dem Ziel, ein Matt in zwei, drei Zügen zu erzwingen. Schaut, probiert und diskutiert gemeinsam, ob ihr solche Aufgaben lösen könnt.

DARTS SPIELEN

214

Kategorie: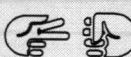

Dart ist ein Spiel mit einer Zielscheibe und kleinen Pfeilen. Es gibt elektronische Varianten und solche, die ein manuelles Erfassen der Würfe erfordern. Zudem gibt es verschiedene Spielvarianten. Zum Beispiel 501. Bei diesem Spiel zählt ihr ausgehend von 501 die Trefferzahlen rückwärts. Ziel ist es, bei genau 0 zu landen. Probiert aus, welche Spielvariante euch am meisten Spaß bringt.

KREUZWORTRÄTSEL LÖSEN

215

Kategorie:

Beinahe in jeder Zeitung oder im Internet findet ihr Kreuzworträtsel. Dabei müsst ihr Fragen beantworten und diese in eine vorgegebene Reihenfolge und Richtung eintragen. Bereits gelöste Fragen können euch Hinweise auf die Buchstaben in anderen Lösungen geben. Steigert nach und nach den Schwierigkeitsgrad des Rätsels.

SUDOKU SPIELEN

216

Kategorie:

Sudoku ist ein Rätsel, das auf Zahlen basiert. Die Zahlen 1 bis 9 dürfen in den jeweils neun Kästchen großen Rechtecken nur jeweils einmal vorkommen. Zusätzlich gibt es weitere Rechtecke links, rechts, oben und unten. Betrachtet man die Waagerechten und Senkrechten, dürfen auch hier die Zahlen 1 bis 9 nur jeweils einmal vorkommen. Eine knifflige Aufgabe mit hohem Spaßfaktor. Seid ihr klug genug? Steigert auch hier nach und nach den Schwierigkeitsgrad.

BALLWEITWURF

217

Kategorie:

Schnappt euch die Bälle aus dem Erlebnis 209 und versucht nun, statt ein Ziel zu treffen, mit den Bällen so weit wie möglich zu werfen. Gewonnen hat natürlich jener, der am weitesten mit den Bällen werfen kann. Derjenige von euch, der gerade nicht am Werfen ist, fungiert als Schiedsrichter und markiert den Punkt, an dem der Ball auf die Erde trifft.

EINE SPINNE RETTEN

218

Kategorie:

Spinnen im Haus erschrecken meist die Frauen. Wenn ihr in eurem Haus eine Spinne seht, rettet sie. Nehmt ein Glas und ein Blatt Papier. Stülpt das Glas über die Spinne und schiebt das Papier langsam unter das Glas, ohne die Spinne zu verletzen. Nun könnt ihr die Spinne nach draußen bringen.

EINE GLÜHBIRNE WECHSELN

219

Kategorie:

Zur Hausarbeit gehört auch, defekte Glühbirnen zu wechseln. Macht diese Aufgabe gemeinsam und zeige Deinem Sohn, wie man dies macht. Geht dabei vorsichtig vor, damit ihr euch nicht verletzt. Am besten ist es, immer die Sicherung herauszudrehen und erst dann den Austausch vorzunehmen.

EIN DENKMAL BESICHTIGEN UND DIE GESCHICHTE RECHERCHIEREN

220

Kategorie:

Auch in eurem Ort oder im nächstgrößeren gibt es Denkmäler. Sie können an Personen erinnern oder an Geschehnisse. Besucht ein solches Denkmal und recherchiert, aus welchem Grund es errichtet wurde. Lasst euch von den beteiligten Menschen erzählen, was passiert ist oder wen dieses Denkmal darstellt.

EINE FALKNEREI BESICHTIGEN

221

Kategorie: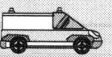

Viele Tierparks oder Erlebnis-Wälder beinhalten eine Falknerei. Hier werden Raubvögel darauf abgerichtet, Beute zu jagen und zu Falkner zurückzukehren. Raubvögel sind in der Natur von Nahem nur selten zu besichtigen. In der Falknerei habt ihr die Chance, einen Adler, Bussard oder Milan zu beobachten.

EINEN BRIEF SCHREIBEN (MIT DER HAND)

222

Kategorie:

Schreibe mit Deinem Sohn einen Brief mit der Hand. Zum Beispiel ganz klassisch mit einem Füllfederhalter oder einem Kugelschreiber. Adressat könnten Verwandte, Freunde und Bekannte sein. Oder die Brieffreundin oder der Brieffreund aus dem Erlebnis 247. Geht zusammen zur Post und gebt den Brief gemeinsam auf.

DEN EIFFELTURM BESTEIGEN

223

Kategorie:

Der Eiffelturm ist das Wahrzeichen von Paris. Jeder sollte ihn einmal in seinem Leben gesehen und bestiegen haben. Insgesamt stehen zwei Plattformen den Besucherinnen und Besuchern zur Verfügung. Um lange Wartezeiten zu vermeiden, besuche den Eiffelturm mit Deinem Sohn möglichst außerhalb der Haupt-Urlaubszeiten.

EIN HEMD BÜGELN

224

Kategorie:

Bügeln gehört zu den nicht ganz so beliebten Hausarbeiten. Doch für einige Kleidungsstücke ist es erforderlich, damit sie gut aussehen. Zum Beispiel für Hemden und Blusen. Zeige Deinem Sohn, wie man ein Hemd richtig bügelt und worauf dabei zu achten ist. Schließlich muss er diese Aufgabe irgendwann alleine erledigen.

EINEN SONNENAUFGANG ERLEBEN

225

Kategorie:

Steht früh auf und erlebt gemeinsam, wie die Sonne aufgeht. Das lässt sich am besten am Meer oder von einer erhöhten Position aus beobachten. Lasst euch von der wundervollen Atmosphäre des erwachenden Tages beeinflussen und beginnt diesen Tag besonders stimmungsvoll. Achtet darauf, nicht ohne Schutz direkt in die Sonne zu sehen, wenn sie bereits etwas höher am Himmel steht.

EINEN GRASHÜPFER FANGEN

226

Kategorie:

Vorwiegend im Sommer kannst Du sie sehen: Grashüpfer oder Heuschrecken. Die kleinen putzigen Insekten können beeindruckende Höhen bei ihren Sprüngen erreichen; bedenkt man dabei ihre Körpergröße. Versucht, eines der Tiere vorsichtig und ohne es zu verletzen, zu fangen. Betrachtet seine Details eingehend und lasst das Tier anschließend wieder frei.

ALLE SPIELGERÄTE AUF EINEM SPIELPLATZ AUSPROBIEREN

227 Kategorie:

Bestimmt gibt es in eurer Nähe einen tollen Spielplatz. Nehmt euch vor, jedes Gerät auf dem Spielplatz auszuprobieren. Schaukel, Rutsche, Sandkasten warten nur darauf, von euch getestet zu werden. Wer von euch ist dabei am geschicktesten? Vielleicht lassen sich die Geräte zu einem Parcours zusammenstellen?

WITZE AUSDENKEN

228 Kategorie:

Ein guter Witz lockert jede Gesellschaft und Party auf. Es ist immer von Vorteil, wenn ihr ein paar Witze parat habt. Sie sollten gut und originell sein. Denkt euch einige Witze aus und lernt sie auswendig. Ihr könnt sie gleich auf der nächsten Familienfeier anwenden und ausprobieren. Bei welchem Witz ist das Gelächter am größten?

EIN HAUSHALTSGERÄT REPARIEREN

229

Kategorie:

Reparieren statt Wegwerfen und neu kaufen liegt voll im Trend. Starte diesen Trend zusammen mit Deinem Sohn auch bei Dir zu Hause. Irgendwo gibt es immer ein Gerät, das nicht funktioniert. Versuche mit Deinem Sohn, dieses Gerät zu reparieren. Recherchiert im Internet, wie ihr es machen könnt.

IN DAS FREIBAD GEHEN

230

Kategorie:

In eurer Nähe gibt es bestimmt ein Freibad. Bei gutem Wetter plant ihr einen Besuch in diesem Freibad. Neben Schwimmen und im Wasser planschen, kann man im Freibad auch Turmspringen üben und sich sonnen, lesen, spielen und Freunde treffen.

EINEN FOTOKALENDER BASTELN

231

Kategorie:

Sucht die schönsten zwölf Fotos des vergangenen Jahres aus. Achtet dabei darauf, dass die Fotos sich einem bestimmten Monat oder einer Jahreszeit zuordnen lässt. Zum Beispiel durch ein Foto mit dem Weihnachtsmann, mit Schnee, am Strand, zu Ostern und mit Frühlingsblumen. Ordnet jedem Monat ein passendes Foto zu und gestaltet daraus einen Kalender. Ein solcher Fotokalender ist ein tolles Geschenk.

FRISCHEN ORANGENSAFT PRESSEN

232

Kategorie:

Zu einem gesunden Essen gehören auch Fruchtsäfte. Frisch gepresst sind sie noch gesünder. Zum Beispiel gepressten Saft aus frischen Orangen. Dazu benötigt ihr nur frische Orangen und ein Pressgerät. Solche Obstpressen gibt es in manueller und elektronischer Ausführung. Frischer Orangensaft passt wunderbar zum Frühstück.

BLÄTTER VON BÄUMEN PRESSEN

233

Kategorie:

Im Herbst färben sich die Blätter der Laubbäume bunt und fallen zur Erde. Geht in den Wald und sammelt die schönsten Blätter auf. Besonders schön sind Ahornblätter. Die gesammelten Blätter steckt ihr zwischen dicke Bücher. Nach ein paar Tagen sind die Blätter schön glatt und dünn gepresst. Ihr könnt sie zum Beispiel zum Basteln benutzen.

NÜSSE SAMMELN GEHEN

234

Kategorie:

Im Herbst ist Erntezeit. Dann sind auch Haselnüsse und Walnüsse erntereif. Besonders Haselnüsse wachsen auch in der Natur. Man findet sie häufig in Böschungen. Diese Nüsse darf man in der Regel für den Eigengebrauch sammeln und essen. Schaut euch beim nächsten Spaziergang genau um, vielleicht entdeckt ihr einen Haselnussstrauch.

DURCH EINE WÜSTE WANDERN

235

Kategorie:

Erkundige dich, wo es Wüsten in der Nähe gibt. Unternehmt eine Reise dorthin und rüstet euch gut für eine Wanderung durch die Wüste aus. Ihr benötigt ausreichend Wasser und Nahrung und passende Kleidung. Erlebt eine einzigartige Atmosphäre in der Wüste. Einsamkeit, karge Vegetation, Hitze und Dürre: All das muss man einmal erlebt haben. Verliert nicht die Orientierung!

WÄSCHE WASCHEN UND AUFHÄNGEN

236

Kategorie:

Bereite Deinen Sohn mit diesem Erlebnis darauf vor, irgendwann alleine zu leben und die Hausarbeit ohne Unterstützung der Eltern zu erledigen. Zeige Deinem Sohn, wie man Wäsche richtig wäscht und anschließend aufhängt. Das richtige Aufhängen ist wichtig, damit die Wäsche schnell trocknet und nicht so viele Falten wirft. Die gemeinsame Hausarbeit wird euch näher bringen und die Hausarbeit nicht so langweilig wirken lassen.

SCHERE, STEIN UND PAPIER SPIELEN

237   **Kategorie:**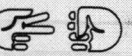

Du kennst sicher das Spiel Schere, Stein und Papier. Dabei gilt es nach dem Zählen bis drei mit der Hand eine Schere, einen Stein oder Papier zu formen. Dabei gilt: Papier wickelt den Stein, der Stein schleift die Schere und die Schere schneidet das Papier. Mit diesem einfachen Spiel, bei dem ihr keine Utensilien benötigt, könnt ihr sogar kleine Meinungsverschiedenheiten klären.

SCHATTENBOXEN ÜBEN

238   **Kategorie:**

Das Schattenboxen ist keine neue Kampftechnik. Bei diesen Übungen boxt ihr in die Luft gegen einen imaginären Gegner. An einer Wand kann man euch als Schatten-Boxer bewundern. Diese Übungen stärken Muskeln und Ausdauer und sind ohne Sportgeräte durchführbar. Wenn ihr geübter seid, könnt ihr zusätzlich Hanteln benutzen, um einen größeren Trainingserfolg zu erzielen.

EIN SPARSCHWEIN ANLEGEN

239

Kategorie:

Legt euch ein Sparschwein oder Sparbuch an. Darauf könnt ihr monatlich oder wöchentlich einen kleinen Beitrag einzahlen. Das angesparte Geld ist zur Finanzierung der Vater-Sohn-Erlebnisse gedacht. Verwaltet es gemeinsam und übt euch darin, euer Geld einzuteilen.

EINEN GEMEINSAMEN KALENDER FÜHREN

240

Kategorie:

Damit ihr die Vater-Sohn-Erlebnisse besser planen könnt, benötigt ihr einen Kalender. Hier könnt ihr die durchgeführten und geplanten Erlebnisse eintragen und auf diese Weise immer den Überblick behalten. Einen solchen Vater-Sohn-Erlebnis-Kalender bastelt ihr natürlich selber.

WIE MAN SICH RASIERT ZEIGEN

241

Kategorie:

Zeige Deinem Sohn, wie man sich richtig rasiert. Erkläre ihm die Unterschiede zwischen Nass- und Trockenrasieren und worauf man achten muss, um sich nicht zu verletzen. Außerdem bespreche mit Deinem Sohn, wie man die Haut nach dem Rasieren schützt und pflegt.

ÜBER SEX REDEN

242

Kategorie:

Dein Sohn kommt jetzt in ein Alter, in dem er sich für Mädchen oder Jungs zu interessieren beginnt. Einen Teil des Sexualkunde-Unterrichts übernimmt die Schule. Dies kann jedoch nicht das Vater-Sohn-Gespräch zu dem Thema ersetzen. Nehmt euch ausreichend Zeit und bereite dich gut vor, wie Du Deinem Sohn die Sache mit den Bienen und Blumen erklären möchtest.

EINEN JUDO-/RINGER-GRIFF ERLERNEN

243

Kategorie:

Du hast Deinem Sohn erklärt, dass man Auseinandersetzungen nicht mit Gewalt löst. Gleichwohl solltest Dein Sohn und Du einige Griffe beherrschen, um sich gegen Gewalt wehren zu können. Gut geeignet sind Judo- und Ringergriffe. Wenn Du und Dein Sohn zwei, drei solcher Griffe anwenden könnt, seid ihr gut für das Leben gewappnet.

MIT EINER LATERNE SPAZIEREN GEHEN

244

Kategorie:

Wenn es wieder früher dunkel wird, kommt die Laternen-Spazier-Zeit. Dazu eignen sich besonders gut selbst gebastelte Laternen. Wählt einen trockenen Abend aus und spaziert mit der Laterne an der Hand durch die Nachbarschaft.

ÜBER FUßBALL REDEN

245

Kategorie:

Wenn ihr keine Fußball-Fans seid, kann sich euer Gespräch auch über Mannschaften aus anderen Sportarten drehen. Zum Beispiel Handball, Hockey oder Basketball. Nach einem Spieltag gibt es viele Neuigkeiten auszutauschen. Wie hat eure Mannschaft gespielt. Welche Spielerin und welcher Spieler haben überzeugt oder auch enttäuscht.

EIN HOCHBEET BAUEN

246

Kategorie:

Wenn Du einen Garten oder einen Balkon besitzt, kannst Du mit Deinem Sohn ein Hochbeet bauen. Dazu kannst Du Holz verwenden oder Steine. Ein Hochbeet erleichtert das gärtnerische Arbeiten, da man sich nicht so tief bücken muss wie bei einem normalen Beet. Außerdem hält es viele Schädlinge ab. Konstruktionspläne kannst Du Dir aus dem Internet besorgen, zum Beispiel bei mein-schoener-garten.de.

EINE BRIEFFREUNDSCHAFT BEGINNEN

247

Kategorie:

Ob per E-Mail oder handschriftlich auf einem Blatt Papier: Briefe besitzen etwas Magisches. Bei der Deutschen Post und anderen Institutionen gibt es Möglichkeiten, Brieffreunde zu finden. Zum Beispiel solche, die in fernen Ländern wohnen. Beginnt eine Brieffreundschaft und tauscht euch mit der Brieffreundin und dem Brieffreund über das Leben in euren Ländern aus.

EINEN KUCHEN/EINE TORTE BACKEN

248

Kategorie:

Einen Kuchen zu backen oder eine Torte zu kreieren ist bereits die hohe Kunst der Küche. Sucht euch zum Start ein einfaches Rezept aus und probiert das Kuchen backen daran aus. Wenn es euch Freude macht und ihr etwas versierter seid, nehmt euch eine schöne Schichttorte vor und präsentiert diese auf dem nächsten Kaffeetisch.

EIN FRÜHSTÜCKSBROT FÜR DIE SCHULE UND DIE ARBEIT MACHEN

249

Kategorie:

Was nimmst Du zum Essen für die Arbeit mit? Was Dein Sohn zur Schule? Bereitet euer Frühstücksbrot selbst zu. Es muss ja auch kein Brot sein. Stattdessen eignen sich auch Gemüsesticks hervorragend oder andere gesunde Snacks. Geht für die Zubereitung des Frühstücksbrotes gemeinsam einkaufen.

EINEN GEHEIMBUND GRÜNDEN

250

Kategorie:

Habt ihr schon einmal etwas von Geheimbünden gehört? Viele Menschen glauben an ihre Existenz. Gebt ihnen Recht, indem ihr euren eigenen Geheimbund gründet. Denkt euch einen coolen Namen aus und welches Ziel der Geheimbund verfolgen soll.

EINE WETTERSTATION ANBRINGEN

251

Kategorie:

An der Außenwand des Hauses, im Garten oder auf dem Balkon kannst Du mit Deinem Sohn eine Wetterstation befestigen. Früher war das ein Glas mit einem Frosch und einer Leiter. Heute sind Wetterstationen analoge oder digitale Geräte, die Wetterdaten wie Temperatur und Luftfeuchtigkeit erfassen. Diese Daten könnt ihr regelmäßig notieren und auswerten. Wie es echte Wissenschaftler tun.

STERNBILDER BESTIMMEN

252

Kategorie:

Wenn der Nachthimmel besonders klar ist, kannst Du mit Deinem Sohn Sternbilder sehen. Das ist gar nicht so leicht. Ihr solltet euch eine Sternenkarte besorgen, damit ihr die einzelnen Sterne auch einem Bild zuordnen könnt. Versucht, so viele Sternenbilder wie möglich zu entdecken.

EINE SCHATZSCHATULLE BAUEN

253

Kategorie:

Mit wenigen Materialien könnt ihr eine schöne Schatzschatulle bauen. Hier hinein kommen all eure geheimen Utensilien und alles, was wertvoll für euch ist. Als Material kommt Holz aber auch Pappe in Betracht. Denkt daran, dass eine echte Schatzschatulle auch einen Deckel hat. Bei diy-family.com gibt es Baupläne.

FRÜHSPORT MACHEN

254

Kategorie:

Frühsport ist gesund und fördert die Konzentration für den ganzen Tag. Verabredet euch regelmäßig zum Frühsport. Ihr könnt zum Beispiel Joggen gehen oder Schattenboxen. Aber auch Liegestütze und Kniebeugen sind geeignete Disziplinen, um gut in den Tag zu kommen. Gemeinsam macht Frühsport doppelt Spaß.

EIN GEMÜSEBEET ANLEGEN

255

Kategorie:

Im Garten und auf dem Balkon kannst Du mit Deinem Sohn zum Selbstversorger werden. Legt euch ein Gemüsebeet an. Zum Beispiel in dem Hochbeet, das ihr im Erlebnis 246 gebaut habt. Im Frühjahr werden dann die ersten Gemüsesorten ausgesät oder vorgezogene Pflanzen eingesetzt. Im Sommer und Herbst erntet ihr dann eigene Karotten, Radieschen und Salat. Lecker!

EINEN KOMETEN BEOBACHTEN

256

Kategorie:

Sichtet zusammen die Übersicht, wann der nächste Komet von eurem Standpunkt aus zu sehen ist. Bei timeanddate.de gibt es sogar eine Anzeige für den nächsten sichtbaren Kometen. Nehmt euch vor, diesen Kometen zu beobachten. Hoffentlich stören keine Wolken die Sicht. Und wenn doch: Der nächste Komet wartet bereits.

TIERLAUTE NACHAHMEN

257

Kategorie:

Wer von euch wird der beste Tierlaut-Imitator? Versucht, so viele Tiere wie möglich nachzuahmen. Ein Schaf und eine Ziege sind einfach zu imitieren. Aber wie steht das mit einem Tiger oder einem Adler? Noch größer wird der Spaß, wenn ihr dabei auch die typischen Bewegungen der Tiere nachahmt.

STADT-LAND-FLUSS SPIELEN

258

Kategorie:

Eine der schönsten und zugleich einfachsten Spiele ist Stadt-Land-Fluss. Die Regeln sind simpel. Zu einem vorher festgesetzten Anfangs-Buchstaben werden in verschiedenen Kategorien Wörter gesucht. Kategorien können Länder, Städte, Flüsse, Tiere, Namen und vieles andere mehr sein.

EIN WINDRAD BAUEN

259

Kategorie:

Auf dem Balkon, im Garten oder am Fenster könnt ihr ein Windrad bauen. Mit einem Windrad erzeugt ihr "grünen" Strom. Überlegt euch, wie ihr den erzeugten Strom verwenden könnt. Eine Idee ist die Außenbeleuchtung. Wenn ihr fachliche Hilfe benötigt, wendet euch an einen Elektriker.

EINE VATER-SOHN-GEHEIMSPRACHE AUSDENKEN

260

Kategorie:

Denkt euch eine geheime Sprache aus, die nur Du und Dein Sohn kennt. Das kann auch eine Zeichensprache sein. Damit könnt ihr ganz geheim kommunizieren, ohne das andere Menschen verstehen, was ihr euch zu sagen habt.

STRAßENMUSIK VERANSTALTEN

261

Kategorie:

Schnappe Dir bei schönem Wetter Deinen Sohn und mache zusammen mit ihm Straßenmusik. Vielleicht habt ihr aus der Bucket List das Erlebnis Ein Musikinstrument erlernen bereits absolviert. Dann könnt ihr es jetzt anwenden. Oder ihr führt einen Tanz oder eine Parodie, einen Sketch oder einen Witz auf. Wenn ihr dafür eine Spende erhaltet, könnt ihr dieses Geld an wohltätige Institutionen oder an das Vater-Sohn-Sparschwein weitergeben.

EINEN PFLANZENATLAS ANLEGEN

262

Kategorie:

Bei diesem Erlebnis geht es darum, Pflanzen zu erfassen und zu bestimmen. Geht wissenschaftlich vor, in dem ihr einen bestimmten Vegetationsbereich markiert. Zum Beispiel im Wald oder auf einer Wiese. Steckt ein Quadrat von einem mal einem Meter ab. Jetzt geht daran, die Pflanzen, die innerhalb dieses Bereichs vorkommen, zu erfassen und zu bestimmen. Auf diese Weise erhaltet ihr einen Pflanzenatlas.

GEOGRAFIE RÄTSEL SPIELEN

263

Kategorie:

Beim Abendessen oder während der Autofahrt kannst Du mit Deinem Sohn das Geografie-Rätsel spielen. Dabei geht es darum, Fragen geografischer Art zu beantworten. Das kann die konkrete Frage nach der Hauptstadt von Papua-Guinea oder die Frage nach drei Flüssen in Deutschland sein. Natürlich muss der Fragesteller die Antwort kennen. Eine gute spielerische Schulung für den Geografie-Unterricht.

HORROR-/GRUSEL-GESCHICHTEN ERZÄHLEN

264

Kategorie:

Dieses Erlebnis beinhaltet die Aufgabe, eine Grusel- oder Horror-Geschichte authentisch zu erzählen. Der Zuhörer soll sich dabei fürchten oder erschrecken. Die Geschichte kann von einer Autorin oder einem Autor stammen oder selbst erfunden sein.

SONNENENERGIE GEWINNEN

265

Kategorie:

Mit Sonnenkollektor könnt ihr "grüne Energie" gewinnen. Überlegt, wo die beste Position für einen solchen Sonnenkollektor ist und wie ihr die gewonnene Energie verwenden wollt. Neben den klassischen Sonnenkollektoren für das Dach gibt es bereits kleinere für den Garten oder den Balkon.

ETWAS GEBRAUCHTES VERKAUFEN

266

Kategorie:

Gebrauchtes wieder zu verwerten, liegt heute voll im Trend. Das können Spiele, Elektrogeräte, Bücher, DVDs und vieles andere mehr sein. Schaut nach, was ihr nicht mehr benutzt oder was euch nicht gefällt. Statt es wegzuwerfen, könnt ihr es über viele verschiedene Portale zum Kauf anbieten. Damit leistet ihr aktiven Umweltschutz.

ETWAS UNTER DEM MIKROSKOP BETRACHTEN

267

Kategorie:

Ein Mikroskop gibt es bereits für wenig Geld zu kaufen. Unter einem Mikroskop könnt ihr eine völlig neue Welt entdecken. Bakterien werden hier sichtbar oder die Strukturen für Haaren, Haut und verschiedenen Materialien. Moderne Mikroskope bieten die Möglichkeit, mit einem Smartphone Fotos von den untersuchten Gegenständen aufzunehmen.

EIN PROJEKT DURCHFÜHREN

268

Kategorie:

Irgendwie fühlen sich alle Erlebnisse wie ein Projekt an, oder? Aber ein richtiges Projekt hat klare Strukturen. Zum Beispiel ein Projektziel, Meilensteine und Evaluation. Plant eines eurer Vater-Sohn-Erlebnisse wie ein echtes Projekt und dokumentiert es. Eine solche Übung ist gut für Beruf und Schule.

AUF DIE ZUGSPITZE KLETTERN

269

Kategorie: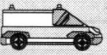

Die Zugspitze ist mit 2.962 Metern Deutschlands höchster Berg. Von dem Gipfel aus habt ihr bei gutem Wetter 400 Bergspitzen in vier Ländern vor den Augen. Absolut sehenswert! Was ihr noch über diesen Berg wissen müsst, findet ihr auf Zugspitze. de.

AUF EINE INSEL REISEN

270

Kategorie:

Inseln findet ihr in Deutschland nicht nur an Nord- und Ostsee. Auch in den größeren Seen des Landes befinden sich sehenswerte Inseln, die manchmal bewohnt, manchmal ganz einsam sind. Sucht euch eine schöne Insel aus und nehmt euch einen Besuch darauf vor. Wie es sich für eine echte Insel geziemt, erfolgt die Anfahrt über Wasser. Seid Robinson Crusoe.

MIT EINEM WOHNMOBIL URLAUB MACHEN

271

Kategorie:

Das Reisen mit einem Wohnmobil oder einem Wohnwagen ist von einem besonderen Flair umgeben. Man ist freier bei der Wahl der Urlaubsorte, muss aber auf etwas Komfort verzichten. Nicht jeder mag es, aber jeder sollte es wenigstens einmal in seinem Leben ausprobiert haben.

DURCH EIN TELESKOP DEN NACHTHIMMEL BEOBACHTEN

272

Kategorie:

Ein Teleskop holt die Sterne greifbar nahe. Seine hohe Auflösung macht es möglich. Gute Anlässe den Sternenhimmel durch das Teleskop zu beobachten, sind das Bestimmen von Sternenbildern und das Beobachten von Kometen. An moderne Teleskope lassen sich Smartphones anschließen, um Fotos zu machen und die Beobachtungen zu dokumentieren.

EIN PRODUKTTEST DURCHFÜHREN

273

Kategorie:

Einige Unternehmen suchen für die Einführung neuer Produkte Tester. Erkundigt euch, wo dies in eurer Nähe möglich ist. Meldet euch für einen Produkttest eurer Wahl an, zum Beispiel für ein Shampoo oder eine neue Geschmacksrichtung bei Gummibärchen. Bewertet das Produkt kritisch und gibt eure Rückmeldung an das Unternehmen weiter.

EIN VIDEO AUFNEHMEN

274

Kategorie:

Nehmt von euren Vater-Sohn-Erlebnissen Videos auf. Diese könnt ihr bei den nächsten Familienfeiern präsentieren oder sogar im Internet hochladen. Die Videos dokumentieren eure Vater-Sohn-Erlebnisse auf besondere Weise.

PARFUM KAUFEN

275

Kategorie:

Bei diesem Erlebnis geht es darum, euer Parfum zu finden. Welcher Duft gefällt euch am besten. Ist es ein herb-männlicher oder etwas sinnlich-harmonisches? Probiert in einem Fachgeschäft verschiedene Düfte aus und lasst euch beraten. Im Anschluss wählt ihr euer ganz persönliches Parfum aus.

NACH DEM FINGER AUF DER LANDKARTE REISEN

276

Kategorie:

Breitet auf dem Tisch vor euch eine Landkarte aus. Dann schließt ihr die Augen und tippt mit dem Finger auf eine Stelle auf der Karte. Dieser Punkt, ganz gleich, wo er sich befindet, ist euer nächstes Reiseziel. Mit der Art der Landkarte könnt ihr die Region festlegen.

EINE EIGENE PIZZA KREIEREN

277

Kategorie:

Pizzateig kannst Du mit Deinem Sohn selbst herstellen oder als Fertigmischung kaufen. Bereitet den Teig vor und kreiert eine eigene Pizza aus den Zutaten, die ihr am liebsten habt. Käse darf natürlich nicht fehlen und eine coole Soße als Grundlage. Lasst eurer Fantasie und eurem Geschmack freien Lauf. Nach dem Backen genießt ihr eure Kreation!

EINEN SALAT ZUBEREITEN

278

Kategorie:

Zu jeder Jahreszeit ist ein Salat eine beliebte Speise. Der Salat kann als Vorspeise, neben oder als Hauptmahlzeit serviert werden. Es gibt ganz unterschiedliche Arten von Salat. Grüner Salat, Obstsalat, Fleischsalat und viele andere Kreationen könnt ihr auswählen. Nach der Zubereitung lasst ihr euch den eigenen Salat schmecken!

EINE KUH MELKEN

279

Kategorie:

Früher hat man Kühe mit der Hand gemolken. Heute erfolgt dies meist maschinell. Fragt auf einem Bauernhof in der Nähe, ob ihr eine Kuh mit der Hand melken dürft. Oftmals sind die Landwirte gerne bereit, euch das zu erlauben und sogar die richtigen Handgriffe beizubringen.

DISNEYLAND BESUCHEN

280

Kategorie:

Disneyland ist ein Themenpark zu den Figuren und Filmen von Walt Disney. Disneylands gibt es in den Vereinigten Staaten aber auch in Europa. Besuche mit Deinem Sohn ein Disneyland und schwelgt in den Erinnerungen an unvergessene Filme und Figuren wie Donald Duck und Daisy.

EINE FAHRRADPANNE REPARIEREN

281

Kategorie:

Die Kette ist abgesprungen, der Reifen platt: Eine Panne am Fahrrad kann schnell passieren. Behebt solche Pannen gemeinsam. Zeige Deinem Sohn, wie er einen Schlauch flickt oder die Kette wieder auf das Ritzel setzt und spannt. Im Anschluss wird das Rad auf einer Fahrradtour ausprobiert.

EINEN DUDELSACK SPIELEN

282

Kategorie:

Der Dudelsack wird heute mit den Hochländern aus Schottland in Verbindung gebracht. Zuerst wurde er jedoch in Frankreich gespielt. Es handelt sich um eine Sackpfeife. In einen Sack wird Luft geblasen, diese anschließend in verschiedene Rohre gepresst. Es entsteht ein typischer Klageton.

SICH ALS RITTER VERKLEIDEN

283

Kategorie:

Im Mittelalter liefen Ritter stets gut geschützt umher. Sie trugen eine Rüstung, Schild und ein Schwert. Bastelt euch eine Ritterrüstung. Sie muss nicht aus Metall hergestellt werden. Das wäre auch viel zu schwer. Wählt stattdessen Pappe oder Stoff. Bemalt es als glänzende Rüstung und veranstaltet ein eigenes Ritterturnier.

MIT EINEM TAXI FAHREN

284

Kategorie:

In einem Lied fährt der Sänger "mit einem Taxi nach Paris". Das müsst ihr natürlich nicht gleich machen. Aber lasst euch im Urlaub, bei einer Stadtbesichtigung oder einem Ausflug mit dem Taxi zum Bahnhof, Innenstadt oder Museum kutschieren und genießt den Komfort.

DIE ERNÄHRUNG UMSTELLEN

285

Kategorie:

Zu viel Zucker, zu viel Fett, zu viele Kohlenhydrate und zu viel Fast Food ist ungesund. Stellt eure Ernährung dauerhaft um und verzehrt mehr Obst und Gemüse. Ihr könnt auch einen Schritt weitergehen und ganz auf Fleisch verzichten. Besprecht, wie ihr eure Ernährung umstellen möchtet und unterstützt euch dabei.

IM REGEN TANZEN

286

Kategorie:

Im Sommer, bei warmen Temperaturen, gibt es oftmals einen kleinen Platzregen. Dann zieht eure Badesachen an und geht hinaus. Tanzt im warmen Regen, wie es einst der Sänger Frank Sinatra besang. Ein tolles Gefühl.

EINEM BABY DIE WINDELN WECHSELN

287

Kategorie:

Im Mittelalter liefen Ritter stets gut geschützt umher. Sie trugen eine Rüstung, Schild und ein Schwert. Bastelt euch eine Ritterrüstung. Sie muss nicht aus Metall hergestellt werden. Das wäre auch viel zu schwer. Wählt stattdessen Pappe oder Stoff. Bemalt es als glänzende Rüstung und veranstaltet ein eigenes Ritterturnier.

TRINKGELD GEBEN

288

Kategorie:

Im Restaurant, im Café oder bei einer Stadtführung ist es üblich, dem Personal ein Trinkgeld als kleine Aufmerksamkeit zu geben. Lasse diese Aufgabe Deinen Sohn erledigen. Besprecht vorher, wie hoch das Trinkgeld sein soll und erkläre ihm, wonach sich die Höhe richtet.

URLAUB AUF DEM BAUERNHOF MACHEN

289

Kategorie:

Macht zusammen Urlaub auf dem Bauernhof. Diese besondere Urlaubsform wird in jeder Region angeboten. Schaut im Urlaub den Landwirten über die Schulter, wenn sie die Felder bestellen und die Ernte einholen. Beschäftigt euch mit den Tieren, die es auf einem Bauernhof gibt und melkt Kühe, füttert Schweine und striegelt die Pferde.

EIN LIED KOMPONIEREN

290

Kategorie:

Ein Lied zu komponieren ist nicht einfach. Neben der Melodie gilt es zusätzlich, einen Text zu dichten. Von Vorteil ist es, wenn ihr das Erlebnis Instrument spielen lernen, bereits durchgeführt habt. Euer selbst komponiertes Lied könnt ihr bei verschiedenen Möglichkeiten vortragen.

EINE KLETTERWAND BESTEIGEN

291

Kategorie:

Sicher gibt es auch in Deiner Nähe eine Kletterwand. Klettert abwechselnd diese Wand hinauf und sichert euch dabei gegenseitig. Das fördert nicht nur Motorik und Ausdauer, sondern sorgt zugleich für Vertrauen und ein Gefühl des Vertrauens können.

CANYONING-TOUR ABSOLVIEREN

292

Kategorie:

Einen reißenden Wildwasser-Fluss mit einem Kajak oder einem Boot hinabzufahren, eine Schlucht oder ein Tal hinabzusteigen, nennt man Canyoning. Du kannst Dich mit Deinem Sohn einer geführten Tour anschließen, wenn euch die Erfahrung fehlt. Ein tolles Abenteuer für viele Stunden.

EINE WELT IM DUNKLEN

293

Kategorie:

Wenn es draußen dunkel ist, könnt ihr euch eine Welt im Dunklen schaffen. Zieht alle Vorhänge zu und löscht das Licht. Zusätzlich könnt ihr noch die Augen schließen. Versucht nun, euch im Raum zurechtzufinden. Achtung vor Möbeln wie Tischen und Stühlen. Es ist gar nicht so einfach. Mit diesem Erlebnis könnt ihr Verständnis für Menschen erreichen, die nicht sehen können. Gleichzeitig schärft ihr eure anderen Sinne.

SCHWARZLICHT-MINIGOLF SPIELEN

294

Kategorie:

Wir haben bereits das Erlebnis Minigolf vorgestellt. Jetzt probiert ihr es im Dunklen. Dabei werden die Bahnen mit Schwarzlicht beleuchtet. Auf manchen Bahnen strahlen sie sogar in Neonfarben. Wer wird unter diesen Bedingungen die wenigsten Schläge benötigen?

IM BARFUSS-PARK DIE SINNE SCHÄRFEN

295

Kategorie:

Füße sind außerordentlich empfindlich. Die Haut der Fußsohle ist wie ein eigener Sinn. Besuche mit Deinem Sohn einen Barfuß-Park und erfahre, wie sich verschiedene Materialien sich an, besser unter, euren Füßen anfühlt.

ESSEN IM DUNKLEN

296

Kategorie:

Was fühlt man, wie erlebt man die Welt um sich herum, wenn man nichts sehen kann? Findet die Antwort auf diese Fragen bei einem gemeinsamen Dunkeldinner. Dabei muss man im vollkommenen Dunkeln essen. Erfahrt gemeinsam, wie sich die anderen Sinne schärfen und wie anders euer Abendessen oder Mittag schmeckt, wenn ihr es nicht sehen könnt.

AN EINER VERKOSTUNG TEILNEHMEN

297

Kategorie:

Verschiedene Hersteller und Unternehmen bieten eine Verkostung ihrer Produkte an. Meistens handelt es sich um neue Produkte, die auf den Markt kommen soll. Die Bandbreite der Produkte ist groß. Sie reicht von Käse über Schokolade bis zu Kakao. Recherchiert die nächste Verkostung, die ihr gemeinsam besuchen könnt. Alternativ könnt ihr auch eine Verkostung bei euch zu Hause organisieren und die Familie und Freunde dazu einladen.

IN DEN TRAMPOLINPARK GEHEN

298

Kategorie:

In einem Trampolintag können sich kleine und große Springer einmal richtig austoben. Trampolinspringen ist anstrengender als erwartet. Diese Sportart fördert eure Ausdauer und die Koordination des ganzen Körpers.

AN EINEM KRIMIDINNER TEILNEHMEN

299

Kategorie:

Das Krimidinner liegt voll im Trend. Wenn Dein Sohn und Du Fans von Krimis seid, könnt ihr einen Platz beim Krimidinner buchen. Oft bieten schon kleinere Restaurants ein Krimi- oder ähnliches Dinner an. Bei einem solchen Krimidinner schlüpft jeder Gast in eine andere Rolle. Natürlich könnt ihr ein Krimidinner auch zu Hause durchführen.

MASSAGE

300

Kategorie:

Von der professionellen bis zur kurzen Massage: Lasst euch zusammen einmal so richtig verwöhnen. Massagen werden häufig in Hotels mit Spa-Bereich angeboten. Dabei werden die Muskeln gelockert, die Seele entspannt. Die Massage kann sehr gut mit einem Schwimm-Event oder einem Saunagang verbunden werden.

IN EINEM ERLEBNISHOTEL ÜBERNACHTEN

301

Kategorie:

Einmal ganz außergewöhnlich übernachten: Mit einer Übernachtung in einem Baumhaus, einem Gurkenfass, einem Leuchtturm, Iglu, im Gefängnis oder auf dem Hausboot erlebt ihr eine Nacht wie keine. Schaut euch nach einem Erlebnishotel um und bucht die nächste Reise in dieses Hotel.

MIT DEM NACHTZUG FAHREN

302

Kategorie:

Unternehmt eine Reise mit dem Nachtzug. Es ist ein Abenteuer der besonderen Art. Übrigens spart die Fahrt mit dem Nachtzug auch beim Reisebudget. Schließlich braucht ihr für die Übernachtung kein Hotel und könnt dennoch ausgeruht tagsüber Sehenswürdigkeiten entdecken. Es gibt Nachtzüge, die von Deutschland aus in viele europäische Staaten fahren wie nach Österreich, Ungarn, Italien, Kroatien, Schweiz und nach Frankreich.

PAINTBALL SPIELEN

303

Kategorie: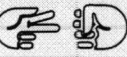

Beim Paintball könnt ihr euch einer Partei anschließen oder gegeneinander antreten. Hier geht es darum, die Mitglieder der gegnerischen Partei mit einem Farbgeschoss zu treffen und ihn damit aus dem Spiel zu nehmen. Wer von euch ist bei diesem Event besonders geschickt?

EINEN BOOTSFÜHRERSCHEIN MACHEN

304

Kategorie:

Mit einem Bootsführerschein darf man motorgetriebene Boote auf Gewässern steuern und fahren. Macht den Bootsführerschein zu eurem gemeinsamen Projekt, um später auf dem Wasser schippern zu können. Der Bootsführerschein besteht aus einem theoretischen und praktischen Teil.

EIN BOOT AUF EINEM FLUSS STEUERN

305

Kategorie:

Mit dem Bootsführerschein aus Erlebnis 304 könnt ihr mit einem Boot auf einem See, einem Fluss oder einem anderen Gewässer fahren. Seid der Kapitän auf eurem Schiff und erzählt euch reichlich Seemannsgarn.

AUS EINER VOGELFEDER EINEN STIFT BASTELN

306

Kategorie:

Für dieses Erlebnis benötigt ihr eine Gänse- oder Entenfeder und zwar eine besonders starke. Bitte zupft keinem Tier die Feder aus, denn das kann dem Vogel wehtun. Eine passende Feder lässt sich leicht finden. Vielleicht beim nächsten Bauernhof oder auf einer Wiese, wo die Zugvögel Pause gemacht haben. Das Ende des Schaftes nennt man Kiel. Diesen spitzt ihr vorsichtig an. Dann könnt ihr ihn als Stift benutzen. Tunkt ihn in Tinte oder Farbe und fertig ist der Feder-Stift.

AUF DEM BROCKEN MIT DEN HEXEN TANZEN

307

Kategorie:

Der Brocken ist ein Berg im Harz. Der Legende nach tanzen auf ihm die Hexen. Es gibt einen Hexen-Stieg und den Hexenaltar und die Teufelskanzlei. Auch wenn ihr keine Hexen seid, nehmt euch vor, auf dem Brocken zu tanzen.

KEGELN/BOWLEN GEHEN

308

Kategorie:

Eine Kegel- und Bowling-Bahn findest Du auf jeden Fall auch in Deiner Nähe. Beim Bowling und beim Kegeln geht es darum, mit einer Kugel Kegel umzuwerfen. Es gibt verschieden Spielvarianten, die ihr alle ausprobieren könnt. Beim Kegeln und beim Bowlen werden richtige Turniere ausgetragen.

EIN EIGENES UNTERNEHMEN/EINE EIGENE FIRMA GRÜNDEN

309

Kategorie:

Was könnt ihr besonders gut? Computerspiele schreiben, Grußkarten basteln, etwas erfinden? Überlegt zusammen, mit welchen Produkten oder Dienstleistungen ihr eine eigene Vater-Sohn-Firma gründen könntet. Wie könnt ihr eure Angebote vermarkten? Was müsst ihr organisieren? Ein spannendes Projekt.

AUF DEN HALLIGEN EINE ÜBERFLUTUNG ERLEBEN

310

Kategorie:

Die Halligen sind flache Inseln in der Nordsee. Auf ihnen leben wenige Menschen, denn hier gibt es fast das ganze Jahr über Sturm und Überflutungen. Das Wasser kommt dabei den Häusern sehr nahe. Hier kann man Urlaub machen. Bucht euch ein Feriendomizil und erlebt hautnah, wenn es heißt: Land unter!

EINEN BUNGE-JUMP MACHEN

311

Kategorie:

Beim Bungee-Jumping springt man, nur an einem elastischen Seil befestigt, von einer Brücke, einem Kran oder einem hohen Punkt aus in die Tiefe. Der Nervenkitzel, der Adrenalinausstoß bei diesem Abenteuer ist gewaltig. Der Sprung kostet sehr viel Überwindung. Seid ihr beide mutig genug?

BLINDENSCHRIFT LERNEN

312

Kategorie:

Lerne zusammen mit Deinem Sohn die Blindenschrift. Das Lesen dieser Schrift erfolgt durch den Tastsinn in den Fingern. Sie wird nach ihrem Erfinder auch Braille-Schrift oder als Punktschrift bezeichnet. Wenn ihr diese Schrift beherrscht, könnt ihr sie zu eurer Geheimschrift machen.

EINEN HUT KAUFEN

313

Kategorie:

Es geht bei diesem Erlebnis nicht vordergründig darum, irgendeinen Hut zu erwerben. Probiert verschiedene Hüte aus und sucht den aus, der euch am besten steht und gefällt. Zeigt euch anschließend in der Öffentlichkeit mit dem Hut auf dem Kopf. Das wird Eindruck machen!

HAMBURG BESICHTIGEN

314

Kategorie:

Neben Berlin und München gehört die Freie Hansestadt Hamburg zu den wichtigsten Städten in Deutschland. Ihr solltet sie wenigstens einmal besucht haben. Hamburg ist bekannt für seinen Hafen, die Landungsbrücken St. Pauli, die Elbphilharmonie und vieles andere mehr. Verbringt einen ganzen Tag in der Hansestadt und erkundet ihre Sehenswürdigkeiten.

EINE VATER-SOHN-FAHNE ENTWERFEN

315

Kategorie:

Es ist an der Zeit, euren Abenteuern ein sichtbares Zeichen zu geben: eine Fahne. Entwerft ein Wappen oder ein Bild, das eure Beziehung, Erlebnisse und Abenteuer am besten wiedergibt. Dann verewigt es auf einer Fahne. Man kann es drucken oder direkt auf den Fahnenstoff sticken oder zeichnen.

EIN HISTORISCHES SCHLACHTFELD BESUCHEN

316

Kategorie:

Früher gab es an vielen Stellen in Deutschland Krieg und entsprechend wurden etliche Schlachten ausgetragen. Recherchiert im Internet, wo es bei euch in der Nähe eine Schlacht gegeben hat. Wer hat hier gegen wen warum und mit welchem Ergebnis gekämpft? Besucht den Ort und stellt euch vor, wie es zu der Zeit der Schlacht hier ausgesehen haben mag.

DAS BINDEN EINER KRAWATTE LERNEN

317

Kategorie:

Eine Krawatte zählt heute zum gehobenen männlichen Outfit. Sie kann mit verschiedenen Techniken gebunden werden. Diese Techniken kannst Du, wenn Du sie noch nicht beherrscht, im Internet recherchieren. Übe sie im Anschluss zusammen mit Deinem Sohn. Wer kann den schönsten Knoten binden?

AUF DIE KREIDEFELSEN VON RÜGEN KLETTERN

318

Kategorie:

Rügen ist die größte deutsche Insel. Berühmt sind ihre Kreidefelsen, die einen wunderbaren Blick auf die Ostsee bieten. Reise mit Deinem Sohn auf die Insel und steigt auf die Kreidefelsen.

EINEN AMEISENHAUFEN IM WALD SUCHEN

319

Kategorie: 🌳

Ameisenhaufen sind sehr unscheinbar. Man muss sehr bewusst nach ihnen suchen. Oft ist es ein kleiner Hügel aus Tannennadeln und Erde. Geht durch den nächsten Wald und sucht nach einem Ameisenhaufen. Wenn ihr einen gefunden habt, versucht die einzelnen "Straßen" ausfindig zu machen und verfolgt das Geschehen, wenn Ameisen mit "Beute" nach Hause kommen. Bitte zerstört den Ameisenhaufen nicht.

EINEN PFANNKUCHEN BACKEN

320

Kategorie:

Pfannkuchen passen zum Frühstück, als Hauptmahlzeit zum Mittag oder kalt am Abend. Sie sind relativ einfach zuzubereiten und benötigen beim Wenden dennoch eine bestimmte Technik. Geht die wenigen Zutaten einkaufen und bereitet den Teig zu dann. Dann backt die Pfannkuchen in der Pfanne und bereitet der Familie eine tolle Mahlzeit zu. Wenn ihr das Grundrezept beherrscht, könnt ihr Variationen mit Äpfeln und andere Beilagen zaubern.

EINEN GANZEN TAG NICHTS SAGEN

321

Kategorie:

In anderen Erlebnissen habt ihr ausprobiert, wie es wäre, wenn ihr nichts sehen könntet. Bei diesem Erlebnis steht das Sprechen, besser das Nicht-Sprechen, im Vordergrund. Wie fühlt man sich, wenn man nicht reden kann? Welche anderen Kommunikationsformen können helfen? Selbst ausprobieren fördert das Verständnis für andere Menschen.

UNTER EINEM WASSERFALL STEHEN

322

Kategorie:

Ein Wasserfall sieht magisch aus. Unter ihm zu stehen, ist ein besonderes Gefühl, dass ihr nicht verpassen dürft. Erkundigt euch nach dem nächsten passenden Wasserfall. Bereits die Wanderung zum Wasserfall kann ein tolles Abenteuer sein. Das Wasser sollte warm sein, damit ihr euch nicht erkältet.

EINEN KILT TRAGEN

323

Kategorie:

Kilt nennt man ein Kleidungsstück der schottischen Hochländer. Es hat ein kariertes Muster und sieht wie ein Rock aus. In guten Kleidungsgeschäften könnt ihr euch günstig einen echten Kilt besorgen oder ihn aus einem Fachgeschäft ausleihen. Mit diesem Kleidungsstück wird man euch bestaunen. Der Kilt passt auch gut für eine Verkleidung zum Fasching.

IN EINEM VULKAN STEHEN

324

Kategorie:

Vulkane faszinieren die Menschheit von Anbeginn an. Sie sind quasi eine Verbindung zur Erdmitte. Auch in Europa, sogar in Deutschland, gibt es Vulkane. Die meisten sind erloschen und damit ungefährlich. Recherchiert im Internet, wo ihr in eurer Nähe Vulkane finden könnt und reist dorthin. Bekannte europäische Vulkane sind der Ätna und der Vesuv, beide in Italien.

IN EINE BIBLIOTHEK GEHEN

325

Kategorie:

In jeder größeren Gemeinde gibt es eine Bibliothek. Dort kann man als Mitglied oder als Gast Bücher, CDs, DVDs, Videospiele und andere Dinge günstig ausleihen. Hier kannst Du mit Deinem Sohn Bücher und Spiele ausprobieren, ohne sie kaufen zu müssen. Zeige Deinem Sohn, wie man sich in einer Bibliothek zurechtfindet und wie man sich etwas ausleiht.

EINEN SCHAL STRICKEN

326

Kategorie:

Einen Schal zu stricken ist einfacher, als viele Männer annehmen. Informiert euch über die Technik des Strickens. Gerade, einfache geometrische Formen zu fertigen, wie zum Beispiel einen Schal, der nichts anderes als ein langgezogenes Rechteck ist, ist am Anfang perfekt, um das Stricken zu lernen. Wer kann den schönsten Schal stricken?

EINEN FAHNENMAST ERRICHTEN

327

Kategorie:

Im Garten, im Vorgarten oder auf dem Balkon könnt ihr einen Fahnenmast errichten. In einigen Ländern wie zum Beispiel Dänemark, hat fast jedes Haus eine solche Vorrichtung. Hier könnt ihr verschiedene Flaggen hissen. Zum Beispiel die Vater-Sohn-Flagge, die von eurem Bundesland oder die Piraten-Flagge.

MIT DER TRANSSIBIRISCHEN EISENBAHN ODER DEM ORIENTEXPRESS REISEN

328

Kategorie:

Berühmte Eisenbahnstrecken ziehen Reisende magisch an. Viele Bücher und Filme wurden über die Transsibirische Eisenbahn und den Orientexpress gemacht. Entscheidet euch für eine der beiden Varianten und geht auf Erkundungsreise. Die Züge sind mit Nachtabteilen ausgestattet, sodass ihr keine zusätzlichen Unterkünfte buchen müsst. Davon erzählt Dein Sohn und Du das ganze Leben lang.

FARBE AUS PFLANZEN HERSTELLEN

329

Kategorie:

Vor dem industriellen Zeitalter gewannen die Menschen Farbe aus Pflanzen und anderen Naturstoffen. Begebe Dich mit Deinem Sohn auf eine Reise in die Vergangenheit. Sammelt Pflanzenteile, aus denen sich verschiedene Farben herstellen lassen. Damit könnt ihr zum Beispiel die Vater-Sohn-Fahne färben und gestalten.

EIN WÜRFELSPIEL SPIELEN

330

Kategorie:

Würfel gibt es in jedem Haushalt. Und wenn nicht, sind sie für wenig Geld im Fachgeschäft zu bekommen. Mit Würfel lassen sich viele Spiele spielen. Zum Beispiel Kniffel. Variiert die Spiele, indem ihr euch eigene Spielregeln ausdenkt und festlegt.

EINEN TV-SERIEN-ABEND VERANSTALTEN

331

Kategorie:

Habt ihr eine Lieblingsserie? Oder wolltet ihr schon immer eine bestimmte Serie anschauen? Veranstaltet einen Serien-Abend. Ihr könnt, je nach Länge der Serien, ganze Staffeln hintereinander sehen. Zum Beispiel im Streaming-TV oder wenn ihr die DVDs ausgeliehen oder gekauft habt.

EINEN BAGGER FAHREN

332

Kategorie:

Einen Bagger kann man sich im Werkzeug- und Maschinenhandel ausleihen. Vielleicht ist auf dem Grundstück tatsächlich etwas zu baggern oder einfach nur so zum Spaß. Zeige Deinem Sohn, wie man einen Bagger bedient und hebt Löcher aus und füllt sie wieder.

DIE ERDE VOM WELTRAUM AUS BETRACHTEN

333

Kategorie: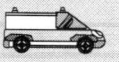

Bald schon können auch Privatpersonen in den Weltraum fliegen. Für unsere Erlebnisse ist das sicher noch zu früh und zu kostspielig. Du kannst mit Deinem Sohn aber auf andere Weise in das All fliegen und von dort einen Blick auf die Erde werfen. Zum Beispiel mit den Live-Streams aus der Internationalen Raumfahrtstation ISS oder der NASA.

OSTEREIER AUSBLASEN

334

Kategorie:

Zu Ostern ist es Tradition, Eier zu bemalen. Vorher sollte man sie jedoch ausblasen. Dazu macht ihr am oberen und am unteren Ende ein Loch, damit das Eiweiß und das Eigelb auslaufen können. Damit es schneller geht, könnt ihr durch Blasen nachhelfen.

EIN ANTI-VIREN-PROGRAMM INSTALLIEREN

335 Kategorie:

Wenn ihr mit dem PC, dem Handy oder dem Tablet im Internet surft, ist der Schutz vor digitalen Bedrohungen besonders wichtig. Entscheidet euch für ein geeignetes Anti-Viren-Programm und installiert es gemeinsam auf dem Rechner. Führt die ersten Scans durch und wertet die Ergebnisse aus.

STRANDHOLZ SAMMELN

336 Kategorie:

Am Strand könnt ihr Treibholz finden. Weil Holz so leicht ist, schwimmt es auf dem Wasser und wird von den Wellen an das Land geworfen. Durch das Wasser sind die Kanten des Holzes abgerundet. Dadurch bekommt es eine schöne, einzigartige Form. Sammelt solches Treibholz. Vielleicht eignen sich einige der Stücke zum Basteln von Dekoration.

AUS MILCH KÄSE ODER BUTTER HERSTELLEN

337

Kategorie:

Aus Rohmilch kannst Du mit Deinem Sohn eigenen Käse oder eigene Butter herstellen. Dazu braucht ihr keine Kuh oder keine Ziege im Garten. Rohmilch bekommt ihr auf Nachfrage beim Bauern eures Vertrauens. Erkundigt euch, was ihr der Milch zugeben müsst und wie ihr sie zu lagern habt, damit daraus echter Käse oder echte Butter wird. Selbst hergestellte Lebensmittel schmecken mindestens doppelt so gut wie gekaufte.

EIN TERRARIUM ANLEGEN

338

Kategorie:

Aus Glas und Klebstoff lässt sich einfach und schnell ein Terrarium bauen. Darin können Insekten oder Reptilien gehalten werden. Gestaltet das Terrarium mit Sand, Erde, Holz und anderen natürlichen Materialien. Statt einem echten Tier könnt ihr auch gebastelte oder Spielzeugtiere dort ausstellen.

DIE KÜCHENMESSER SCHÄRFEN

339

Kategorie:

Eine wichtige Aufgabe im Haushalt ist das regelmäßige Schärfen der Küchenmesser. Geräte zum Schärfen gibt es manueller wie elektrischer Art. Welches für eure Küchenmesser das richtige Gerät ist, hängt von der Art und der Anzahl der Messer ab. Bitte seid vorsichtig beim Schärfen und schneidet euch nicht.

EIN HEIM-NETZWERK EINRICHTEN

340

Kategorie:

Befinden sich in eurem Haushalt mehrere EDV-Geräte wie Smartphones, PCs, Tablets, Notebooks und so weiter? Verbindet diese durch ein Heim-Netzwerk. Dann können diese Geräte miteinander kommunizieren. Darüber hinaus kann das Netzwerk durch gemeinsame Software geschützt werden.

JEDEN MORGEN UND ABEND EINEN FAHNENAPPELL DURCHFÜHREN

341

Kategorie:

Wenn ihr euch mit dem Erlebnis Fahnenmast einen solchen auf das Grundstück oder den Balkon gestellt habt, gehört der morgendliche und abendliche Fahnenappell dazu. Bei diesen Gelegenheiten wird die Flagge gehisst, also hochgezogen und am Abend wieder abgenommen. Führt diese Appelle immer zur gleichen Zeit durch, damit sie zur Routine werden.

EIN FLOSS BAUEN

342

Kategorie:

Viele Materialien können schwimmen. Wird es euch gelingen, aus ihnen ein originales und funktionstüchtiges Floss zu bauen? Holz ist das klassische Material für diese Aufgabe. Doch vielleicht findet ihr etwas im Haushalt, das sicher ebenfalls für dieses Erlebnis eignet.

DURCH DIE MILCHSTRASSE FLIEGEN

343

Kategorie:

Die Milchstraße ist eine Galaxie, in der sich auch unser Sonnensystem befindet. Leider besteht noch nicht die Möglichkeit, zur Milchstraße zu reisen. Ihr könnt aber die Bilder und Live-Streams sehen, die von den verschiedenen Forschungssatelliten übertragen werden, die die NASA oder die ESA zur Erkundung des Weltraums ausgesandt haben.

EINE SITZUNG VOM BUNDESTAG BESUCHEN

344

Kategorie:

Der Bundestag, ein Landtag, aber auch eine kommunale Vertretung tagen in der Regel öffentlich. Das bedeutet, ihr habt die Möglichkeit, an diesen Sitzungen als Zuhörer teilzunehmen. Zeige Deinem Sohn diese Organe und wie sie funktionieren als Teil der Demokratie. Für Bundes- und Landtage musst Du Plätze buchen. Für den Besuch einer Stadt- oder Gemeindevertretung benötigst Du in der Regel keine Anmeldung.

EINEN PUDDING KOCHEN

345

Kategorie:

Wenn man traurig oder krank ist, ist ein Pudding wie ein Trostpflaster. Vor allem, weil er so schön süß ist. Seine Zubereitung ist relativ einfach. Du benötigst Milch, Zucker und Puddingpulver. Achtet darauf, dass ihr das Pulver in die kalte Milch mischt, andernfalls gibt es Klumpen. Auch darf der Pudding nicht anbrennen.

EINEN KNOPF ANNÄHEN

346

Kategorie:

Jeder Mann sollte einen Knopf annähen können. Zeige Deinem Sohn, wie man es richtig macht. Überlegt euch ein Näh-Notfall-Set, das ihr immer "am Mann" tragen könnt, um Risse, Löcher zu stopfen und Knöpfe anzunähen.

EINE STEUERERKLÄRUNG MACHEN

347

Kategorie:

Erwachsene müssen unter bestimmten Umständen Steuererklärungen machen und abgeben. Zeige Deinem Sohn, worauf es dabei ankommt und warum das so ist. Füllt die Steuererklärung gemeinsam aus und zeige ihm, wo er die Daten herbekommt. Später wird es ihm viel leichter fallen, wenn er selbst eine Steuererklärung abgeben muss.

EIN LOCH IM STRUMPF STOPFEN

348

Kategorie:

Ein Loch im Strumpf kann passieren. Deshalb muss der Strumpf aber nicht gleich weggeworfen werden. Das Loch im Strumpf stopfen spart Geld und schont die Umwelt. Zeige Deinem Sohn, wie man es richtig macht.

EIN FREILICHTMUSEUM BESUCHEN

349

Kategorie:

Freilichtmuseen sind besondere Einrichtungen. Sie dokumentieren und zeigen meist anschaulich, wie Menschen in der Vergangenheit gelebt haben. Zum Beispiel die Eiszeit-Menschen oder Wikinger. Erlebt einen interessanten Tag und probiert selbst aus, wie es damals war.

DETEKTIV FÜR EINEN TAG

350

Kategorie:

Nehmt euch einen Tag und seid Detektive. Denkt euch eine Aufgabe aus. Zum Beispiel Observation des Nachbarn. Tragt die Ergebnisse wie Fotos und Dokumentation in einem Ordner zusammen.

EIN GEHEIMES FACH EINRICHTEN

351 **Kategorie:**

Früher wurden die wertvollen Dinge unter der Matratze versteckt. Heute könnt ihr kreativer sein und einen geeigneten Ort im Haus und in der Wohnung suchen. Vielleicht unter einem losen Dielenbrett.

WICHTIGE DOKUMENTE EINSCANNEN

352 **Kategorie:**

Ausweise, Urkunden und andere wichtigen Dokumente könnt ihr einscannen und digital erfassen. Auf diese Weise könnt ihr euren wichtigen Unterlagen sichern. Darüber hinaus stehen sie euch dann auch digital zur Verfügung.

DURCH MATSCH LAUFEN

353 Kategorie:

Wenn es lange genug geregnet hat, werden viele Gartenwege und unbefestigte Straßen zu Matsch und mit Pfützen gespickt. Zieht euch Gummistiefel und passende Kleidung an und geht nach Draußen. Macht euch so richtig dreckig.

GRUßKARTEN SELBER HERSTELLEN

354 Kategorie:

Grußkarten für die Verwandtschaft, Nachbarn und Freunde könnt ihr gemeinsam selber herstellen. Dazu eignet sich schönes, dickes Papier, das ihr mit Fotos bekleben oder bemalen könnt. Gestaltet die Grußkarten dem Anlass entsprechend. Grußkarten versendet man zu Geburtstagen, Weihnachten, Jubiläen und vielen anderen schönen Anlässen.

UNNÜTZE DINGE AUSSORTIEREN

355 Kategorie:

In einem Haushalt sammeln sich über die Jahre viele unnütze Dinge an, die man jahrelang nicht mehr in die Hand nimmt. Vielleicht, weil es schon neuere Versionen gibt. Diese alten und unnützen Gegenstände bleiben liegen und sind allenfalls Staubfänger. Nehmt euch die Zeit und sortiert diese überflüssigen Sachen aus. Möglicherweise könnt ihr sie sogar über geeignete Plattformen verkaufen.

DAS LEBEN ENTSCHLEUNIGEN

356 Kategorie:

Was macht ihr eigentlich den ganzen Tag? Nehmt euch die Zeit und schreibt auf, was von morgens bis abends bei euch los ist. Dann bewertet diese Dinge. Sind sie wirklich wichtig für euch oder handelt es sich um Routine? Überlegt gemeinsam, wie ihr euer Leben entschleunigen könnt, indem ihr einzelne Tätigkeiten nicht mehr ausführt.

EIN PASSFOTO MACHEN LASSEN

357

Kategorie:

Passfotos sind für viele Anlässe erforderlich. Geht zusammen zu einem Fotografen und lasst Fotos von euch machen. Passfotos müssen bestimmten Kriterien entsprechen. Der Fotograf kann euch dazu beraten.

EIN MÄRCHEN MIT EUCH ALS HAUPTFIGUREN ERFINDEN

358

Kategorie:

Denkt euch ein Märchen aus, in dem ihr beide als die Hauptfiguren vorkommt. Vielleicht spielt einer von euch den Bösewicht und einer den guten Helden. Oder ihr bildet zusammen ein Team. Lasst eurer Fantasie freien Lauf.

SICH IN EINEM HOHLEN BAUM VERSTECKEN

359

Kategorie:

Suche im Wald oder besser noch in einem Park nach einem großen, alten, hohlen Baum. Versteckt euch in der Aushöhlung. Könnt ihr die Käfer krabbeln hören? Nach einiger Zeit fühlt man, wie man mit dem Baum und der ganzen Natur eine Einheit bildet.

SICH NACH EINEM STREIT VERSÖHNEN

360

Kategorie:

Wenn die Vater-Sohn-Beziehung einmal nicht gut sein sollte, ergreife die Initiative und die Verantwortung und gehe auf Deinen Sohn zu. Besprecht zusammen, was vorgefallen ist und warum ihr euch gestritten habt. Findet unter Deiner Leitung eine Lösung für den Konflikt.

DIE ZUKUNFT AUSDENKEN

361

Kategorie:

Malt euch in einem gemeinsamen Gespräch aus, wie und wo ihr beide in zehn, zwanzig, dreißig Jahren seid. Was hat sich bei euch verändert, was hat sich in der Welt getan? Entwickelt aus diesen Visionen Ziele und Maßnahmen, die ihr erreichen wollt.

ZUSAMMEN EMOTIONEN ZEIGEN

362

Kategorie:

Zeigt bei diesem Erlebnis Emotionen. Zum Beispiel Freude. Wie drückt sich Freude bei euch aus? Vielleicht durch ungehemmtes Lachen? Oder wie zeigt sich Trauer bei euch? Zum Beispiel durch Tränen. Schämt euch nicht für Emotionen und lernt euch und den Gegenüber bei diesem Erlebnis besser kennen.

MIT EINEM HUBSCHRAUBER FLIEGEN

363

Kategorie:

Etliche Anbieter haben das Erlebnis "in einem Hubschrauber" fliegen in ihrem Sortiment. Bucht euch einen Platz und steigt mit dem Helikopter in die Luft. Keine Angst, wenn es etwas schwankt. Ihr werdet mit einem einzigartigen Ausblick und einem unvergesslichen Erlebnis belohnt.

UNTERNEHMT EIN MÄNNER-FOTOSHOOTING

364

Kategorie:

Als Fotoapparat reicht auch ein Smartphone. Zieht euch wie Models an und macht gegenseitig Aufnahmen von euch an schönen Motiven. Bei einer Ruine oder im Wald, in der Stadt oder auf einem Getreidefeld. Versucht verschiedene Posen. Wo befindet sich eure Schokoladenseite?

ERLEBNISSE FÜR DIE GANZE FAMILIE AUSDENKEN

365

Kategorie:

Überlegt euch 365 tolle Erlebnisse für die ganze Familie. Was könnt ihr gemeinsam unternehmen, um die Beziehung in der ganzen Familie zu stärken? Was macht wem Spaß? Teilt die Erlebnisse in verschiedene Kategorien ein und führt sie im Anschluss durch. Viel Spaß!

IMPRESSUM

Deutschsprachige Erstausgabe November 2021
Copyright © 2021

ISBN: 978-3-949373-18-3

Kanzlei Krenz
Jonas Buchhagen
Mainzer Straße 17
10715 Berlin

Ufer Verlag
info@ufer-verlag.de

Lektorat: Martina Müller

Covergestaltung & Buchsatz
Danileoart | www.danileoart.de

Printed in Poland
by Amazon Fulfillment
Poland Sp. z o.o., Wrocław

34827427R00116